밥상머리에서 들려주는
한국인의 멘토링

밥상머리에서 들려주는 한국인의 멘토링

발행일	2023년 5월 26일
지은이	박시환
펴낸이	박시환
펴낸곳	글마을
출판등록	2015. 4. 14. (제 2021-000003호)
주소	경북 청도군 운면면 운북로 958
이메일	glmaul21@gmail.com
전화번호	070-4025-1950 팩스 054-371-1950
편집/디자인	(주)북랩
제작처	(주)북랩 www.book.co.kr

ISBN   979-11-955670-9-6 03190 (종이책)   979-11-955670-8-9 05190 (전자책)

밥상머리에서 들려주는

한국인의 멘토링

글마을

이 한 권의 책과의 만남이
당신의 생각을 바꿀 것이고,
바뀐 생각이 당신의 세계를 바꿀 것이다

내 인생에서 참으로 소중한

(   ) 님께

(   )이(가)

이 책을 삼가 드립니다.

[프롤로그]

나는 오래전부터 이러한 책이 한국인들에게 반드시 필요
하다고 생각했었다. 그러나 나의 해외 선교 생활은 그 뜻을
제때에 이룰 수 없었다. 늦었지만 지금에라도 이 글을 한
권의 책으로 묶어낼 수 있게 된 것을 매우 다행스럽게 생각
한다.

기획만 해 놓고 실행에 옮기지 못한다면, 그 아쉬움이 영원
히 남을 것이기 때문이다. 마음속에 기획해 온 것들을 이제
꽃 피울 수 있게 되어 부족하나마 기쁜 마음이다.

내가 이 책의 출판에 대한 미련을 버리지 못한 데는 남다른
이유가 있다. 어떻게 해야 한국인들도 유대인을 능가하는
훌륭한 집단 지성을 가질 수 있을까?

결론적으로 유대인에게는 탈무드가 있다. 탈무드는 부모들이 어린아이에게 자연스럽게 들려주는 밥상머리의 얘기들인 것이다.

세 살 먹은 버릇이 여든까지 가는 법이다. 사람이 어릴 적에 경험하고 들어온 얘기들은 평생 동안 지워지지 않고 그대로 기억된다. 어릴 적 두뇌에 저장된 기억들은 마지막 죽을 때까지 시퍼렇게 기억 속에 살아서 그 사람의 정신을 지배한다.

성격이나 인간의 올바른 됨됨이가 지식 교육에 우선하는 것이다. 삐뚤어지고 못된 인격 위에 지식을 쌓아 봐야 그것은 강도가 식칼을 든 것과 같다.

대학교수가 아버지의 재산을 차지하기 위해 힘없고 늙은 아비를 보호는 못할망정 살해한 사건이라든지, 보험금을 타내려고 남편의 매 끼니 밥그릇에 조금씩 몰래 극약을 넣어온 사건이라든지, 이런 사건들은 모두 어릴 적부터 밥상머리 교육이 제대로 되지 못한 탓이다.

위와 같은 사건은 대한민국에서 일어난 특별한 범죄 사건일 뿐 일반적인 사건은 아니지 않느냐? 하는 반론도 얼마든지 가능하다.

그러나 이미 노인을 꼰대니 틀딱이니 비하하고 자식이 부모를 가정에서 학대하고 심지어 때리기까지 한다는 뉴스는 한국 사회에서 그리 낯선 얘기가 아니다.

이러한 현상은 한국인의 집단정신이 얼마나 형편없는 것인가 하는 의심을 갖기에 충분하다.

유대인은 탈무드에서 "노인 한 명과 도서관을 맞바꾸지 않는다."고 한다. 이것으로 유대인들의 정신 속에는 노인을 존경하고, 노인들의 말을 흘려듣지 않는 노인 존중의 문화가 있다고 할 것이다.

반면 한국인들의 모습은 어떤가? 노인들은 그저 입은 처닫고 지갑만 열어야 한다는 우스갯소리도 있다. 이는 웃어야 할지 울어야 할지를 정말 모르겠다. 노인은 비하할 수 있는 존재가 아니다. 모든 것을 경험하고 실천해 본 적이 있는,

살아 있는 사전이 바로 노인들인 것이다.

앞에서 언급한 것처럼 나는 상당 기간 해외에서 선교 생활을 했다. 우리보다 훨씬 못 산다는 필리핀 사람들도 노인이 주변에 나타나면. 서로 자리를 양보하는 모습을 볼 수 있을뿐만 아니라 행여 넘어질까 봐 얼른 손을 잡아주는 게 보통이다. 관공서를 가도 시니어 창구가 별도로 마련돼 있어서 노인은 절대로 줄 서는 법이 없다. 필리핀에서 노인들에겐 새치기라는 말이 성립되지 않는다. 노인들은 새치기가 너무나 당연하다는 시각이 그들인 것이다.

반면 한국 사회의 분위기는 어떤가? 노인네가 줄도 안 서고 답답하게 꼰대짓이나 한다고 탓하며 당장 줄을 서게 할 것이다 어쩌다 노인의 손끝이 살짝 닿기만 해도 뿌리치거나 거부반응을 나타내는 듯한 그런 사회 분위기다.

이러고도 대한민국이 선진국이라고 한다면 우습다. 돈 몇 푼 더 가졌다고 선진국이 될 수 있는 건 아니다. 노인들은 그냥 입이나 다물고 집에 처박혀 있어야 한다는 것은 사회적 손실이고 인적 낭비다. 지하철이나 버스 안에서 보는 한국의 젊은이들 모습은 개탄스럽다 못해 실로 한심스럽다. 나이를 잘 먹은 것은 존경의 대상이지, 그것이 어째서 경멸의 대상인가?

오늘날 한국의 젊은이들도 머잖은 장래에 노인이 된다. 그리 멀리 있는 세월도 아니다. 노인들의 산 경험과 생생한 지혜가 젊은이들에게 이어지지 못하고 단절되는 것은 사회적으로 커다란 손실이다.

한국인의 오늘날 괄목할 만한 발전을 이룩한 주역은 과거의 노인들인데 그런 노인들을 홀대하는 것이 오늘날 한국의 젊은이들이며, 또 미래의 노인들이다.

미래의 노인들이 노인 대접을 받기 위해서라도 한국인들의 지력(Mental)을 높이는 일을 누군가가 나서서 해야만 한다는 생각이다.

부모 되는 사람과 지혜로 뭉쳐진 노인들은, 자라나는 아이들만 탓할 게 아니라, 이제 사랑하는 아이들에게 아이스크

림 대신 이 책 한 권을 선물해 줄 것을 강력히 권한다.

또한 "밥상머리에서 들려주는 한국인의 멘토링"은 앞으로
계속 보완될 것이며, 지속적으로 개정판을 내어, 장차 한국
인의 바이블로 자리매김할 수 있기를 간절히 바란다.

2023년 경상북도 청도의 사룡산 자락의 우거에서,

박시환 씀

차례

제2부

제3부

제1부

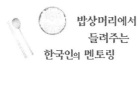
밥상머리에서
들려주는
한국인의 멘토링

어머니

치매 어머니를 둔 아들이 있었다. 아들은 사업에 실패해 실의에 빠져 있었다. 치매 어머니는 큰아들과 따로 살고 있었다.

사업의 실패로 가족들과 모두 뿔뿔이 흩어진 작은아들은 자살을 결심하고 마지막으로 치매 어머니 얼굴이라도 한번 보려고 형님 집을 방문키로 했다.

큰아들로부터 작은아들이 온다는 말을 전해 들은 치매 어머니는 갑자기 눈동자에 생기가 돌았다.

저녁 먹을 시간이 다 되어도 작은아들이 나타나지 않자 큰아들 내외는 치매 어머니에게 먼저 저녁밥을 차려 드렸다.

치매 어머니는 식사하는 척하고, 밥상 위의 음식들을 몰래 속주머니에 감추었다.

큰아들 내외가 눈치를 채고 말리자 치매 어머니는 화를 내면서 맨 손으로 찌개 건더기까지 뜨거운 줄도 모르고 건져내 속주머니에 마구 쑤셔 넣었다. 그리고 방으로 들어가 문을 꽝하고 잠가 버렸다.

밤늦게 작은아들이 도착했다. 문밖에서 작은아들 목소리가 들리자 치매 어머니는 갑자기 방문을 열고 나와 마구 뒤섞인 음식들을 품속에서 꺼내 놓으며 "아가, 얼마나 배가 고프냐? 어서 먹어라."

형님 내외로부터 이야기를 전해 들은 작은아들은 명치로 머리를 크게 한 대 얻어맞은 것처럼 정신이 번쩍 들었다. 작은아들은 치매 어머니를 덥석 끌어안고 크게 울음을 터뜨렸다.

죽기 전에 마지막 어머니 얼굴이라도 한번 보려고 찾아간 작은 아들은 못난 자신의 마음을 고쳐먹을 수밖에 없었다. 자신이 죽고 난 다음, 슬픔을 감당 못 해, 비탄에서 못 헤어날 치매 어머니를 생각하니 도저히 그 짓만은 할 수가 없다고 생각되었던 것이다.

작은아들은 그 후 정신을 차려, 한순간도 치매 어머니를 잊지 않고, 궂은일도 마다치 않고 열심히 일한 결과 종업원을 200인을 둔 중소기업 사장이 되었다.

달달한 설탕, 고소한 기름

🍔 달달한 맛은 설탕 덩어리고, 고소한 맛은 기름 덩어리다

인간들은 모두 입에 달달한 것을 좋아할 줄 알지 설탕이 얼마나 건강에 안 좋은지 별로 심각하게 받아들이지 않는다. 일용하는 음식물 가운데 달달하지 않은 것이 있는지 주위를 한번 살펴보라. 모든 음식에 설탕이 안 들어가고 또, 고소하지 않은 음식이 있는지 말이다.

요리연구가라고 TV에 나타나 떠들어 대는 사람들을 보면, 그 사람들은 건강을 연구하는 게 아니라, 어떻게 사람들을 음식을 잘 먹게 할지 그런 연구를 하는 사람들 같다.

김치 담그는 것은 물론, 심지어 비빔밥에도 설탕 덩어리인 고추장을 듬뿍 쳐서 먹는 것을 너무나 쉽게 말하고 있다. 설탕 못 먹다 죽은 귀신이라도 붙은 모양이다.

설탕이 문제가 되는 것은 , 어디다 두든 쉽게 상한다는 것이다. 설탕은 몸에 들어가는 순간 혈관에 얼른 올라타 버린다. 혈관 속이라고 해서, 상대적으로 소금에 비해, 설탕이 덜 상한다는 법은 없다.

설탕에 절여놓은 음식은 어디서든 상하는 반면, 소금에 절인 음식은 절대로 상하는 법이 없다.

음료수의 문제점은 주재료보다 부재료에 해당하는 설탕이 훨씬 더 많이 들어간다는 점이다. 따지고 보면 설탕물을 마셨으면서도 홍삼드링크를 마셨다고들 허연 이빨을 드러내면서 웃고 떠든다.

알고 보면, 빨리 병들어 죽도록 부모나 존경하는 주변 사람에게 설탕물을 선물한 꼴이다. 그것도 모르고 선물했다고 뿌듯해 한다.

몹쓸 병에 걸리는 게 싫다면, 달달한 것은 음료수가 되었건 무엇이 되었건 무조건 입에 대지 마라. 별로 늙지 않고서도 성인병으로 고생한다.

특히 한국인들은 생산도 안 되는 나라에서 커피를 아주 많이 마신다. 그것도 블랙으로 마시는 게 아니라. 입에 달달한 설탕과 고소한 크림을 두세 스푼씩 넣어, 빨리 암 걸리는 줄도 모르고, 마시며 즐겁게 떠들고 웃는다.

병원 휴게소에 가면 암 걸린 환자 간병하는 보호자도 잠시 숨 돌리는 틈을 타, 달달한 커피음료 한 병 사서 마시는 것을 볼 수 있다. 참말로 아연실색할 노릇이 아닐 수 없다.

설탕과 기름은 암뿐만 아니라 모든 성인병을 부르는 원인이라는 것을 알자.

인공태양

🍔 길게 보면, 불가능한 것은 이 세상에 없다

아마도 먼 미래에 가서 태양이 사라지고 만다면, 인류가 그대로 주저앉아 당하고만은 있지 않을 것이다.

불가능은 없지만, 그러나 오늘 당장 이루어 낼 수 있는 일인가. 아니면 1년 후 또는 10년 후인가. 하는 문제는 남는다.

따라서 어떤 일을 앞에 두었을 때 불가능이라는 단어를 떠올리는 대신 우리 앞에 놓인 시간이 얼마인지 가늠해 볼 필요는 있다.

앞으로 살아갈 날이 10년밖에 안 남은 사람이 20년을 연구해야 성공이 가능한 사업에 매달린다면, 사람들은 그것을 불가능하다고 말한다.

그러나 그것은 불가능한 것이 아니다. 자기 자신이 가진 시간의 한계 때문이지 인류에게 불가능한 일은 아니다.

그러나 만약 수명을 다하여 태양이 사라진다고 하면 누군가는 연구를 미리 해 놓지 않으면 안 된다. 자신은 사라질망정 남은 사람들을 위해, 인공태양에 대한 연구를 해야만 하는 것이다.

지금 이 순간에도 어느 나라의 과학자들은 인공태양을 만들기 위한 프로젝트를 진행하고 있을지도 모른다. 그러한 과학자들을 뒷받침해 줄 수 있는 것은 결국 국가 말고는 없다.

국가 지도자는 당장 인기가 있는 포퓰리즘(populism) 정치를 하지 말고 국가의 먼 미래를 내다보는 정치가 필요하다.

주인

🍚 먹이를 주면 개도 주인을 물지 않는다

통장에 돈을 많이 모으면 통장과 돈의 주인은 당신이다.

그러나 통장을 비워 굶주린 많은 사람들의 배를 채워 주면, 그 사람들의 주인은 바로 당신이 될 수 있다.

은행 통장과 돈의 주인이 되고 싶으면, 부지런히 통장에 돈을 채우면 되고, 많은 사람들의 주인이 되고 싶으면, 통장을 비워, 가난한 사람들의 배를 채워 주면 된다.

말과 글

😑 말 잘하면 천 냥 빚을 갚고 글을 잘 쓰면 천만 냥의 빚을 갚는다

말을 잘하는 사람도 드물긴 하지만 글을 잘 쓰는 사람은 정말로 몇 안 된다. 문장이 공소하면, 제아무리 좋은 글을 쓴다고 해도 잘 읽혀지지 않는다.

말과 문장은 비교도 안 된다. 말도 입 밖으로 한번 잘못 튀어나왔

다 하면 주인을 몰라보는 법인데, 글은 말과는 달리 단 한 번의 변명할 기회조차 안 준다.

글은 그래서 무섭다. 오늘의 박사들은 어제의 학생들이다. 학생들은 지금부터 영어 수학에 골머리를 싸맬 게 아니라 국어에서도 문장 수업 공부에 매달릴 것을 추천한다. 평생에 유익한 것이 문장이다. 나중에 가면 어느 분야에서건 실력이라는 것은 문장에서 고스란히 드러난다.

영어야 제아무리 영문학 박사가 되어도 미국에 갖다 놓으면, 현지의 초등학생만큼도 안 된다. 그걸 뭐라고 매달려서 고생을 하나? 앞으로는 인공지능 시대다. 휴대폰 하나만 손에 들려져 있으면 영어는 아무 불편 없는 시대가 곧 도래한다.

우리 사회는 대중 앞에서 강연을 해야 하는 명사라는 사람이, 원고를 제대로 못 써서 고민하는 사람들이 의외로 많다는 사실이 놀랍다.

문장 수업 과정을 하다 보면 안 보였던 사물이 보이기도 하고, 또 여태껏 모호했던 것들이 분명한 모습을 드러내는 것을 알 수 있다. 그렇게 문리가 트이는 것이다.

문장에 대한 문리가 제대로 트이려면 대략 10년쯤 내공을 쌓아야 하프로 초등학교 시절부터 정답 외우는 식의 국어 공부 백날 해야 소용없다. 소위 고등교육을 받았다는 사람들 중에 한 문장이라도 제대로 만드는 사람 찾아보기가 드문 게 요즘의 현실이다.

대한민국에서 최고의 대학인 서울대 조 모 교수라는 사람을 보라. 그 사람의 설화는 결국 문장에 있다. 문장이 잘 다듬어지면 제대로 된 논리가 보인다. 비논리의 논리는 요설에 지나지 않는다.

분명히 궤변인데 그것이 오류가 없는 논리로 보인다면, 당신은 문장 공부가 제대로 안 돼 있다고 보면 크게 틀리지 않다.

말만 잘해도 천 냥 빚을 갚을 수 있으나 글을 잘 쓰면 천만 냥의 빚도 갚는다.

침묵도 언어다

⊜ 하고 싶은 말이 많을수록 침묵하고, 하고 싶은 말이 없을 때도 침묵하라

말하지 않고도 잘 살아가는 것이 세상에는 참 많다.

지혜로운 사람들의 특징은 하나같이 태양처럼 화려한 빛을 내면서도 조용하게 산다는 점이다. 태양은 세상의 온갖 생명을 다 치면서도 절대로 생색내지도 않고 떠들지도 않는다.

사람은 입이 있고 혀가 있으므로 어쩔 수 없이 지껄이기는 한다. 그러나 말을 할 때는 잘 가려서 해야 한다. 말을 잘 가려서 해야 한다는 것은 먼저 자신의 마음속으로부터 우러나는 노여움을 잘 참을 수 있어야 한다.

감정이 고조되어 무슨 말을 하는 건지도 모르고 떠들면 큰일 난다. 나름대로 옳고 그름을 나름대로 미리 판단해 놓고 말을 해서도 안 된다. 그렇게 되면 상대는 자신을 설득하려 든다는 것을 금방 눈치를 챈다. 그래서는 절대로 상대를 설득할 수도 없고, 위로할 수도 없다.

말의 축복은 상대방의 입장을 배려할 때 있다. 공연히 떠벌여 상대방에게 거부감을 주거나 노여움을 살 바엔 차라리 입을 다물어 버려라. 침묵도 언어일 수 있다.

상대방이 도저히 말도 안 되는 소릴 지껄인다 싶을 때는 절대로 맞대응하지 말고 자리를 피하라. 피하는 일은 결코 어렵지 않다. 화장실을 잠시 다녀오면 된다.

제아무리 고약한 사람이라도 화장실까지 따라와서 깐죽댈 인간은 없다. 시간이 지나고 보면, 침묵해 본 사람만, 침묵이 축복을 가져다준다는 것을 알게 된다.

기분대로 시끄럽게 군 사람은 죽을 때까지 침묵이 축복이라는 사실을 영원히 깨닫지 못한 채 남의 원성만 실컷 사다가 죽는다.

습관은 제1의 천성

🍔 행복한 세상에 다시 태어나고 싶으면 좋은 습관을 길러라

인간의 행동이라는 것도, 자판기에 동전을 넣으면, 자동으로 튀어
나오는 커피처럼, 평소에 습관이 된대로 튀어나오기 마련이다.

좋은 습관은 피나는 노력으로도 잘 얻어지기 어려우나 나쁜 습관
은 제아무리 쫓아도 집요하게 달라붙는 모기 떼나 파리 떼 같다.

대부분의 사람들은 과거의 좋은 기억보다 자신이 겪은 트라우마
(Trauma)에 갇혀 있는 경우가 많다. 트라우마에 갇혀 있으면 좋은
습관에 길들 수가 없다. 트라우마에서 벗어나려면 어린아이의 순
수한 마음으로 되돌아가라.

어린아이의 마음은 계속 성장하고, 어른의 마음은 더 이상 성장하
지 않는다는 특징이 있다. 어른도 어린아이의 순수한 마음으로 되
돌아가면 얼마든지 계속 성장하는 것이 가능하다.

시작해 보지 않고 어렵다고 지레짐작하면 되는 일은 아무것도 없
다. 어렵고 쉬운 일은 세상이 만들어 주거나 다른 사람이 만들어

주는 것이 아니다. 모두 자신의 생각 안에서 만들어지는 것이다.

인간의 평소 행동은, 대부분 무의식적인 상태에서, 습관이 된 대로, 튀어나오는 법이다. 운동선수가 평소 훈련을 쌓는 것처럼, 습관도 마찬가지로 그와 같다.

자판기에 동전을 넣으면, 음료수가 튀어나오는 것이지. 거기서 엉뚱하게 예쁜 아가씨나 멋진 총각이 튀어나오는 것은 아니다. 평소에 좋은 습관을 들여 놓으면, 자판기에서 음료수가 튀어나오듯, 습관 되어진 대로 천성인 것처럼 성격인 것처럼 튀어나오는 것이다.

직관

🍔 새는 울거나 노래만 하는 것이 아니다

사람들은 그믐달이나 초승달을 보면 달이 왜 꼭 기울고 차야만 하는 것으로 생각하는지 모를 일이다.

물론 새도 울고 싶을 때도 있고, 노래 부르고 싶을 때도 있을 것이다. 하지만 새라고 해서 꼭 울거나 노래만 부를 줄 아는 것은 아니다. 새에게도 일상의 언어가 필요하다. 연인을 부르기도 하고 밥 먹자고 얼마든지 자식들을 부를 수도 있는 것이다.

달도 차고 기우는 것만 지루하게 천만년을 반복하는 것은 아닐 것이다. 달도 새도 인간보다 이 지구상에 먼저 온 까닭에 어쩌면 인간보다 더 많은 언어가 있을 수 있다.

인간은 인간의 언어로만 새와 달을 보고 규정하는 법이다. 아는 만큼 보이고 보이는 것만큼 아는 게 인간이다.

사물을 편견 없이 바라보는 눈이 있으면 그것이 곧 직관이고 지성이다.

법칙

🍚 삶은 음악처럼 박자가 있고 시처럼 미학적 질서가 있다

정형시는 정해진 운율에 따라 일정한 제약이 있는 반면 자유시는 어떤 형식이나 틀에 구애 없이 자유롭게 쓰는 시다.

자유시라고 해서 되지도 않게 몇 글자만 갈겨 놓았다고 그게 시가 되는 것은 아니다. 자유시도 엄연히 내적 질서가 있으므로 큰 틀에서 보면 무형식의 형식이 존재한다. 보다 큰 형식이 있다는 말이다. 형식 없다는 말도 하나의 형식이라는 말을 하고 싶은 것이다.

대부분의 사람들은 작은 형식은 쉽게 보면서 큰 형식은 못 본다. 그러므로 큰 형식은 아예 존재하지 않는 것쯤으로 안다.

현대인의 삶은 매우 자유롭다. 과거처럼 가족이나 이웃들로부터 제약이 있고 눈치나 보며 사는 그런 시대는 아니다. 할 말 다 하고 제멋대로 산다.

동쪽에서 적당히 살다가 서쪽으로 옮겨 새사람이 나타난 것처럼 굴고 서쪽에서 마음에 안 들면 동쪽으로 옮겨가 허물 하나도 없는 인간이 나타난 것처럼 시침을 뚝 떼고 산다.

그러나 인간의 삶이라는 것이 그렇게 간단하게 설계되어 있지 않다. 코끼리는 왜 130년을 살고, 소는 불과 15년 남짓을 살며, 인간은 길어야 100년을 살고 하루살이는 딱 하루만 살도록 설계되어 있겠는가? 모든 것에는 법칙이 존재한다.

악행을 범하면 지금 당장은 아무 일도 일어나지 않는 것 같지만, 눈을 크게 뜨고 길게 보면 반드시 청구서가 날아든다. 그렇게 패가 망신 당하는 경우는, 평생 동안 남을 판단하며 살아온, 대법관들 중에도 더러 있다.

슬쩍 눈 감고 지나간 악행, 귀신도 모를 것 같은데 나중에 어디서 든 반드시 청구서가 날아든다. 하다못해 자식 놈이라는 똑같은 거 울도 있다.

성경이나 불경의 말씀처럼 사는 것이 조금은 답답해 보일지는 몰 라도 결국은 그것이 축복이고, 법칙에 순응하며 사는 길이다.

마음과 생각

🍔 차가운 것이 뜨거운 것을 이긴다

하늘을 마음대로 날아다닐 수 있는 독수리와 땅에서 무적인 사자의 이빨에 비하면, 사람의 생각은 얼마나 막연하고 추상적이며 몽환적이기까지 한가.

만약 짐승들에게 이 세 가지 중에 하나만 골라 가지게 한다면 반드시 독수리의 날개나 사자의 이빨을 골라 가질 게 틀림없다. 정신병자처럼 몽환적이기까지 한 사람의 막연한 생각이 짐승들에게 필요할 까닭이 없다. .

그러나 짐승에게도 마음은 분명히 있다. 마음 자체가 없다면, 어떻게 호불호가 있고 어떤 상황에서는 날고, 어떤 상황에서는 뛰고, 또 달아날 수 있겠는가.

인간에게는 짐승과 다르게 생각이라는 게 있다. 그러나 간혹 인간도 마음만 가진 자들이 더러 있다. 마음이란 그때그때 느끼는 감정이다. 생각이란 이성을 본질로 한다.

한국 사람의 특질 중 감정적인 부분이 많다는 건 심히 유감이다. 냉정한 생각보다 기분 내키는, 감정에 따라 법보다 주먹이 가까운 수가 많다는 것은 보통 문제가 아니다.

기분 나쁘다는 것은 자신의 감정이 그런 것이지 타인과는 아무 상관도 없다.

배운 자나 덜 배운 자나 인간이 가진 감정에서는 별 차이가 없다. 그러나 이성 쪽으로 오면 사람들은 하늘과 땅 같은 차이가 있다.

짐승과 사람이 다르듯, 사람과 사람 사이가 너무 많이 다른 것은 이성과 생각의 차이다.

마음이 뜨거운 성질을 가진다면 생각은 차가운 성질을 가진다. 마음이 즉물적이라면 생각과 이성은 차갑고 분석적이다. 마음만 갖고 있으면 짐승처럼 되기 쉽고, 생각을 잘 다듬어 가지면 그게 지성이다.

짐승보다 못하다고 불리는 사람들은 대개 마음만 가진 사람들이다. 따뜻한 마음과 차가운 생각이 결합하면 급한 일이 일어나도 언제나 침착한 표정을 잃지 않을 수 있다.

하늘을 높이 날 수 있는 날개, 사나운 이빨, 그런 것 하나 없이도 더 높이 날고, 무엇이든 잡아 씹어 삼킬 수 있는 무서운 이빨을 가진 것이 곧 인간이다.

인간이 이 세상의 주인이 된 것은 막연하고 추상적이며, 오로지 몽환적인 생각 하나 때문인 것이다.

체벌

🍔 아이들에게는 절대로 비상약을 쓰지 마라

목적을 가지고 적절하게 훈계를 하는 것은 어리석은 사람을 깨우치게 하는 방편이 될 수 있다.

그러나 방편은 수단일 뿐 목적이 될 수는 없다. 방편이란 비상약으로 써야 하지만, 약에는 허용치가 있을 뿐, 부작용이 전혀 없는 것은 아니다.

비상약은 다 큰 성인에게는 이따금 쓸 수 있을지는 몰라도 특히 인격이 덜 발달한 유아기 어린아이에게는 절대로 써서는 안 된다.

쓰다보면 쓰는 사람이 되레 약에 취해 버리는 경우가 종종 있다.

아는 약

원은 약보다 아는 병이 낫다

사람이 짐승보다 나은 것은 기억을 한다는 점이다. 짐승이 사람보다 나은 것은 기억을 못 한다는 점이다. 사람이 짐승보다 못한 것은 집착을 한다는 점이다. 짐승이 사람보다 못한 것은 집착이 무엇인지 모른다는 점이다.

사람이 짐승과 다른 것은 좋은 것과 나쁜 것을 모두 기억한다는 점이다. 짐승이 사람과 다른 것은 좋은 것과 나쁜 것을 아무것도 기억 못 한다는 점이다.

행복과 불행이 무엇인지 생각할 줄 아는 것이 사람이고 행복과 불행이 무엇인지 생각조차 못 하는 것이 짐승이다.

알아서 병이 되는 것도 있고 몰라서 약이 되는 것도 있다. 그러나 모르는 약보다 알아서 병이 되더라도 그 길로 뚜벅뚜벅 말없이 걸어가는 게 인간이다.

사랑

🍔 사랑에 나중은 없다

사랑은 현재의 것이어야 한다. 팔을 뻗으면 당장 손끝에 가 닿는 것이어야 진정한 사랑이다. 지금의 사랑도 멀리 떨어지면 저절로 버려진다.

버려도 버리지 않아도 시드는 것이 꽃이다. 꽃은 봉오리로 있을 때와 시들었을 때가 다르다. 과일도 제철이 있듯 꽃도 사랑도 다 제철이 있다.

꽃에게 기다리는 사랑이 없듯 사람도 꽃처럼 피고 진다는 점에서 기다리는 사랑은 어리석다.

멀리 있는 사랑은 그림과 같다. 가까이 있는 사랑을 발견하자.

기성교육

🍔 개성 없는 교육은 진정한 교육이 아니다

개성 없는 교육이란 기성세대의 틀에 잘 길들이는 교육이다. 그러한 교육은 관공서의 반듯한 공무원은 충분히 될 수 있다.

공무원이 무엇을 생산하거나 발명을 해내는 일을 하는 것은 아니다. 기존의 질서를 안정되게 잘 관리하는 직업이다.

개성 있는 교육에 길들어진 사람들은 단체 생활이나 공무원 사회에서는 잘 살아남기가 어렵다. 공무원 사회는 조화처럼 주변과 잘 어울리면 족하다.

향기가 없는 인간은 꿀이 없다. 나비는 꿀이 있어야 날아드는 법이다.

비육우는 밧줄을 매지 않아도 말뚝을 벗어날 줄 모른다. 사람도 기성교육에만 길들이면 창의성 있는 인간이 될 수 없다.

개성 넘치는 인간들만이 미래 사회를 축복되게 한다.

우공이산

🍔 약삭빠른 둔재도 있고 어리석은 천재도 있다

천재만이 책을 쓰는 것은 아니다. 일기처럼 매일 조금씩 글을 써 나가다 보면 어느 순간 한 권의 책을 완성할 수 있다.

아무리 제 맘대로 꾸며 쓴 글이라고 해도 250페이지 이상이나 되는 분량의 글을 써내기란 기고 나는 재주를 가지고도 어렵다.

몸에 붙은 군살도 마찬가지다. 하루아침에 날씬한 몸매로 바꿀 수는 없다. 그런 게 있다면 돈 많은 사람은 다 날씬해질 수 있을 것이다.

허옇게 붙은 살은 흰 두부가 아니다. 두부도 함부로 물로 변하지 않는다.

며칠을 소나기처럼 굶은 다음 저울에 나타난 숫자만을 보고 살이 빠진 것으로 생각하는 것은 무지에서 오는 착각이다.

몸속에 들어 있던 물주머니 하나를 덜어내 놓고 체중이 줄어든 것으로 호들갑 떠는 것은 우습다. 군살은 그렇게 빠지는 게 아니다.

계절이 바뀌게 하는 것은 사나운 태풍이 아니고 속삭이듯 부드럽게 불어오는 바람이다. 빗방울이 계속 떨어지면 바위도 뚫는다.

어리석은 노인이 태산을 옮기는 것처럼 꾸준히 노력해야 책이든 날씬한 몸매든 뭐든 자기 것으로 만들 수 있다.

성공의 비결

⊖ 군인처럼 살면 반드시 성공한다

제대를 할 때는 누구나 군인처럼 살고 싶어 한다. 군인처럼 살면 성공 못 할 일이 없다는 것을 잘 알기 때문이다.
오늘 할 일을 내일로 미루는 단순해 보이는 버릇으로는 다가올 자신의 처지를 더욱 어렵게 할 뿐이다.

조금만 더 쉬고
조금만 더 자고
조금만 더 먹고

조금만 더 즐기고

조금만

조금만…

조금만 더 놀면서 게으름을 피우다 보면 머잖은 장래에 가난과 빈곤이 양철 지붕에 떨어지는 소나기처럼 요란할 것이다.

게을러지기 쉬운 게 사람이다. 게을러지지 않기 위해서는 시간표를 짜놓고, 짜인 시간대로 군인처럼 행동하면 된다.

군인처럼 살아서 이루지 못할 것은 이 세상에 아무것도 없다.

군대도 지는 군대가 있고 이기는 군대가 있다는 것을 생각하고 밤잠을 안 자고 경계하는 마음을 가져야 이기는 군대의 군인이 될 수 있다.

역발상

🍔 세상을 거꾸로 보면 지름길도 보인다

마라톤은 똑같은 방향으로만 달려야 한다. 그러나 인생의 길은 돌아가든 질러가든 목적하는 곳에 먼저 가닿으면 승자가 된다.

밤낮을 가리지 않고 같은 방향으로 달리느라 머리를 싸매도 잘 풀리지 않던 일이 잠시 벗어나 편하게 휴식을 갖고 나면, 의외로 일이 쉽게 실타래처럼 술술 풀리는 수가 있다.

인생이란 꼭 이래야만 되고 저래야만 되는 것은 아니다. 이럴 수도 저럴 수도 있다는 것을 알아야 한다.

생각하는 방식을 고정의 틀 위에 올려놓지 말고 새처럼 자유롭게 날 필요가 있다. 죽을힘을 다해 달려 봤자 천재가 바보를 앞지르기는 쉽지 않다.

바보들이 하나같이 죽자고 같은 방향으로 달려 나갈 때 아무도 모르는 다른 길도 잘만 찾아보면 얼마든지 있을 수 있다.

창조는 모방, 모방은 창조

🍔 유익한 것은 적의 것이라도 배우자

적의 것이라도 좋은 것을 모방하고 배우는 일은 수치가 되지 않는다. 독창성이 생명이라고 할 수 있는 예술 분야도 처음엔 어느 정도의 모방 단계를 거쳐야 문리가 트여 독창적인 자기 자신의 세계가 보인다.

평생 동안 모방을 하고 살라는 얘기가 아니다. 남이 먼저 걸어간 길을 따라가 보면서 왜 그렇게만 걸어갔을까? 생각해 보는 데서 자신의 독창성이 발휘되는 것이다.

배우는 데는 적과 동지가 따로 없고 적의 스승과 나의 스승이 따로 없다. 학문을 가지고 아류를 고집하는 것은 이미 학자의 자세가 아니다.

할아버지가 손자를 늘 가르칠 수 있는 것도 아니고 손자가 할아버지에게 늘 배우는 것도 아니다. 현명한 사람은 적에게도 배우고 적의 것도 일본인들처럼 받아들이는 것이다.

어리석은 사람은 쓸데없는 자존심 때문에 남의 것을 무시하려는 경향이 있다.

돈과 사랑

돈과 사랑은 닮았다

옷차림을 보고 부자인지 아닌지 판단하기는 어렵다. 가난한 자일수록 명품이나 화려한 치장을 더 좋아하는 까닭이다.

대개의 부자들은 별로 꾸미지 않는 특징이 있다. 그것은 가진 자의 여유에서 온다. 못 가진 자일수록 외모에 더 신경 쓰느라 표정은 늘 경직돼 있다.

돈과 사랑은 다르면서 닮았다. 꾸미고 좇아가면 달아나고 못 본 체하고 있으면 제 발로 다가온다.

돈도 사랑도 자신들이 선택하도록 내버려 둬야지, 이쪽에서 먼저 선택하려 들면 화들짝 놀라서 모두 달아난다.

웅변

😊 말을 듣는 것이 아니라 실은 상대의 눈과 표정을 본다

대부분의 사람들은 자신이 내뱉는 말로 상대를 설득할 수 있다고 믿고 열변을 토한다. 그러나 그런 열변에 설득당할 사람은 아무도 없다.

번지르르한 말보다는 상대에게서 묻어나는 진정성과 열정을 살펴보는 것이다.

누구든지 사람을 만나기 전에 무슨 말을 어떻게 멋들어지게 잘해야 할지 고민하거나 긴장할 필요는 없다.

마음속에 갖고 있는 진지하고 뜨거운 열정 하나만 있으면 충분하다.

열정만큼 강한 힘을 가진 웅변은 없다.

만약에

☺ 뒤늦은 깨달음은 아무 소용도 없다

조금만 천천히 달렸더라면 자동차로 사람을 치어 죽이지 않았을
것이다.

만약에
한순간만 참았더라면 살인자가 되지 않았을 것이다.

만약에
흡연과 음주를 과하게 하지 않았더라면 몹쓸 병에 걸리진 않았을
것이다.

만약에
인생의 기회가 한 번 더 주어진다면 반드시 성공한 삶을 살 자신이
있다.

만약에
사랑이 다시 한 번 찾아와 준다면 멋들어진 사랑을 할 자신이 있다.

밥상머리에서 들려주는 한국인의 멘토링

기회가 다 지나간 다음에 깨달아봐야 남을 가르칠 수 있을지는 몰라도 자신을 위해선 별로 쓸모가 없다.

학생 때 책을 많이 읽고 인생에도 비밀스러운 법칙이 있다는 것을 제대로 알자.

정과 동

🍚 사소한 정에 매달리면 일을 그르친다

맛 좋은 우물물이 아까워 그 주변을 떠나지 못하면 물 그 자체가 자신의 삶이 되어 버린다. 아무도 물이 되기 위해 이 세상에 온 것은 정말로 아니다.

동물의 본질은 앞길에 어떤 위험이 닥쳐도 어디론가 떠나고 보는 것이다. 그것이 동물이 타고난 숙명인 것이다. 어디론가 떠나고 싶은 호기심이 없다면, 그 사람은 이미 병들고 늙은 사람에 지나지 않는다. 젊고 건강한 사람은 반드시 편한 집을 놔두고 고생길을 자초해서 떠나지 않고는 못 배기는 것이다.

큰일을 도모하려면 사사로운 정에 얽매이면 어렵다. 공과 사가 뒤섞여 분별력을 잃게 되는 경우는 대부분 정 때문이다.

특히 한국인들은 정 때문에 불행해지는 경우가 많다. 정이 메마른 것도 문제지만 정이 넘치는 것도 문제라는 것을 기억해 두자.

입과 혀

🍚 물고기와 사람이 낚일 때는 반드시 입으로 낚인다

물고기를 바라보면 경탄이 절로 터져 나온다. 요리조리 참으로 매끄럽고 정교하게 움직인다. 물살이 세거나 약하거나 상관없다. 1밀리미터의 오차도 없이 딱 멈추고 싶은 그 자리에서 멈춘다.

인간도 물속의 물고기와 마찬가지로, 아무것도 의지하지 않고, 두 발로 땅바닥을 딱 짚고 일어선다. 10개의 손가락이 피아노 건반 위에서 춤을 추고, 안 보고도 컴퓨터 키보드를 기가 막히게 두들겨 댄다.

그런 물고기와 귀신같은 인간도 결국 낚이는 것은 어처구니없게 도 입이다.

입은 밥 먹을 때, 남을 위로하고 배려할 때, 그리고 뜨거운 키스를 할 때만 유익하게 쓰도록 하고, 어처구니없게 낚시에 걸려드는 일 이 없도록 하자.

마음의 곳간

☻ 사람들은 남을 사랑하는 대신 미워하는데 생의 절반을 낭비한다

사랑과 미움의 열매는 모두 농부가 거둬들이는 결실이다. 좋은 열 매를 거둬들일 것인지 좋지 못한 열매를 거둬들일 것인지는 오로 지 농부 마음이다.

곳간을 사랑으로 가득 채우고 싶으면 씨앗을 사랑으로 골라 심고 증오로 가득 채우고 싶으면 증오의 씨앗을 뿌리면 된다.

곳간을 무엇으로 채울지는 오로지 곳간의 주인 마음에 달려 있다.

의지

🍚 의지가 강하면 개미도 인간을 이긴다

개미 한 마리를 손가락으로 눌러 죽이기는 아주 쉽다. 그러나 개미 떼의 의지를 꺾어 놓는 일은 거의 불가능하다.

하늘을 가리는 두터운 구름도 쏟아져 내리는 햇살을 모두 막아낼 수는 없다.

유명한 골키퍼라 해도 끊임없이 공격해 들어오는 공을 다 막아내 기란 불가능하다.

철옹성 같은 장애물도 끝까지 희망을 포기하지 않는 군대 앞에서는 허물어지지 않은 것은 역사적으로도 없다.

시련의 강도가 높을수록 도전의 의지를 높여줄 뿐이다. 포기하지 않고 도전하는 자 앞에서 난관은 있어도 낭패는 없다.

의지를 가진 하찮은 개미 떼도 귀신같은 인간을 이길 수 있는 법이다.

자각

🍔 운명이란 자동차의 핸들을 조작하는 대로 굴러간다

세상은 절대로 불공평하지 않다. 불공평하다면 그것은 세상이 아니라 자신을 둘러싸고 있는 환경이다. 어떤 부모를 만나느냐 하는 것은 선택할 수 있는 것이 아니고, 태어날 때의 환경이다.

그러나 태어난 후의 환경은 스스로 만들어 가는 것이다. 부모가 나쁜 환경에 길들어 있어서 개선할 의지가 없다면, 자신이 나서서 바꾸어 가지는 수밖에 없다.

부모란 내가 어떤 재능을 갖고 있는지 제일 먼저 발견할 수 있는 위치에 있지만, 그렇지 못한 부모도 얼마든지 있다. 그러므로 때가 되면, 부모를 뛰어넘어 배신 아닌 배신을 할 필요가 있다. 부모가 만들어 놓은 틀 안에 갇히고 길들면, 부모와 똑같은 삶이 되고 환경이 될 수밖에 없다.

자각이 있으면 부모가 만든 환경을 뛰어넘고 자각이 없으면 만들어져 있는 환경을 불평하면서도 그대로 익숙해질 수밖에 없다.

운명이란 조작하는 대로 굴러가는 자동차다. 핸들을 꺾으면 인생의 자동차도 틀림없이 그쪽 방향으로 굴러간다.

그때는 맞고 지금은 틀려

🍔 아는 것도 틀릴 수 있다

당신의 의지를 가두고 있는 것은 당신이 알고 있는 전통적 규범이나 틀에 박힌 고루한 사고방식이다. 전통적 규범이란 이미 오래전에 무덤에 들어간 사람들이 만들어 놓은 것이다. 죽고 없는 오래전의 사람들이 만들어 놓은 규범을, 지금 살아 있는 사람들이 왜 금과옥조처럼 받들어야 한단 말인가.

과거 사람들이 좋다고 만들어 놓은 우스꽝스러운 옷을, 지금의 사람들이, 왜 꼭 입어야 한다는 말인가.

과거의 사람들은 컴퓨터도 없고 핸드폰이라는 귀신같은 물건도 없던 시절 아닌가.

그런 사람들이 죽으면서 남겨 놓은 전통이라는 규범을 어째서 지금의 사람들이 떠받들어야 하나.

학생이 선생보다 더 가능성이 많다는 것을 발견하지 못하고, 선생님이 알고 있는 지식의 틀 속에 학생을 가두어 버리면, 오늘날의 자동차나 비행기, 또 컴퓨터나 핸드폰을 어느 죽은 귀신이 공짜로 그저 갖다주기라도 했단 말인가.

사람은 나이가 들수록 자신이 아는 것을 맞다고 우기지 말아야 한다. 어렵겠지만 자신이 아는 것도 틀릴 수 있다는 것을 바로 알 필요가 있다. 그때는 맞고 지금은 틀리는 것이다. 세상이 달라졌기 때문이다.

맞다는 선입견이나 고정관념에 사로잡히면, 당신은 정말로 먹은 나이만큼이나 모르는 게 많은 사람이다.

오해

🍚 이해보다 오해를 더 잘하는 인간

사람을 판단하는 것은 그 사람이 내뱉는 말이나 글이다. 처음 만난 사람이라도 그 사람을 판단하는 데 그다지 많은 시간이 필요치 않은 게 말이고 글이다.

대부분의 사람들은 긴 시간을 인내하면서 상대를 겪어볼 생각을 않는다. 말과 글을 통하여 짧은 시간에 그 사람을 효과적으로 판단하는 것이다.

말과 글에는 독특한 냄새나 향기가 있다. 말을 다 듣고, 글을 다 읽은 다음에 나타나는 냄새나 향기를, 소가 여물을 되새김질하듯, 사람들은 냄새를 맡고 향기를 맡으며 되씹어 보는 것이다.

냄새를 맡는 쪽은 말을 듣고 글을 읽은 사람이지, 말을 하고 글을 쓴 사람이 아니다.

만일, 사랑에 빠져 있는 사람이라면, 상대방의 말 한마디를 가지고, 수많은 향기와 색깔을 입혀서 밤새도록 음미하게 될 것이다. 반대로 증오하는 사람이라면, 어떤 좋은 말과 글을 써도 악취를 풍기는 것이다.

언어

같은 말인데도 '아' 할 것을 '어'라고 하면 복이 달아나고 '어' 할 것을 '아'라고 하면 복이 굴러들어 올 때가 있다. 말이 복을 부르기도 하고 내쫓기도 하는 것이다.

말과 글은 돈 한 푼 안 들이고 누구든지 의지를 갖고, 자신 안에 깃든 기와 정신만 잘 가다듬으면, 얼마든지 예쁘고 멋진 말을 할 수 있고 또, 글도 쓸 수도 있다.

믿거나 말거나지만, 음악을 듣고 자란 농작물이나 가축이 결실도 좋고 건강하다고 한다. 이런 말은 믿어서 나쁠 것은 정말 하나도 없다. 밑천이 전혀 안 드는 일이기 때문이다.

무에서 유를 창조하는 것이 말과 글이다. 말과 글을 가려서 잘하고 쓰는 것을 영어, 수학 공부하듯 하면, 평생을 축복 속에 살 수가 있다.

정독

🍔 영혼이 배고플 때 한 권을 책을 사서 저자와 대화를 하라

교회 목사님을 만나면 천국 얘기만 하고 절에 가서 스님을 만나면 자기 자신의 깨달음만 진리인 양 늘어놓는다.

천국은 각자의 마음속에서 다른 길을 내는 것처럼 깨달음이라는 것도 어떤 사람에겐 놀라운 것이지만, 또 어떤 사람에겐 하찮은 것일 수 있다.

한 권의 책을 고른다는 것은 그 책을 쓴 사람과 깊은 영혼의 대화를 갖는 것이다. 대화를 하고 난 당신은 대화 이전의 모습과는 전혀 다른 것을 자각할 수 있을 것이다.

고소하고 달콤한 음식은 입속으로 들어가면 불과 네 시간이면 똥으로 변한다. 그러나 한 권의 책은 당신의 삶을 안내하는 영원한 에너지가 된다.

그러므로 책을 대할 때는 절대적이지는 않더라도 마음을 백지처럼 비워서 정독하는 것이 허기진 영혼을 채우는 유일한 방법이다.

바람

🍚 바람만큼 좋은 약도 없다

감기로 병원을 찾는다면 의사도 뾰족한 치료 방법이 없다. 그저 해열제와 항생제를 처방해 줄 뿐이다.

자기 몸의 병을 잘 치료하는 의사는 자기 자신이다. 우리가 잘 아는 의사는 째고, 깁고, 약을 잘 골라 먹이는 것만 잘한다.

사랑도 마찬가지다.
진짜 사랑은 자기만이 잘할 수 있다. 얻고 잃는 것이 다 자신의 기술이다.

나무를 잘 타는 원숭이가 나무에서 떨어지는 법이다.
멧돼지가 나무에서 떨어지는 법은 절대로 없다.
마찬가지로 사랑을 잘해본 사람이 사랑을 잃고 아픈 법이다.

사랑을 잃고 신열을 앓는 사람이라면, 바람둥이라도 좋으니 얼른 다른 사랑으로 대체하는 것이 병을 잘 낫게 하는 치료 방법이다.

바람둥이라는 말은 당신의 고정관념이다. 설사, 바람둥이라 치자, 그럼 누구를 위해 참아야 하는 바람이란 말인가. 떠나간 사람을 못 잊고 10년쯤 혼자 참고 살아야 안 바람둥이라도 된다는 말인가. 그게 누구를 위한 것인가.

사람이 살자고 하는 게 바람이라면, 그 바람은 참 좋은 약이다.

언어는 눈먼 장님

> 🍔 말을 많이 하면 근심과 재앙이 저절로 쌓인다

언어는 잽싸게 달리는 자동차의 엔진도 없고, 비행기처럼 하늘을 나는 날개도 없으나, 훨씬 더 빨리, 그리고 멀리 날아간다.

말이란 입 밖에 나가는 순간 장님이다. 그리고 이단아처럼 늘 주인을 배반하고 뒤통수를 친다. 말이란 말을 뱉어낸 주인의 지배를 절대로 안 받는 특징을 가지고 있다.

말하는 사람이 제아무리 주인을 알아보라고 떠들어 봐야 돌아오는 대답은 그저 헛바닥을 쏙 내민다. 말은 뱉은 사람에게 복종하는 게 아니고 거꾸로 들은 사람에게만 복종한다. 그러므로 말을 들은 사람이 버릴 것은 버리고 입맛에 맞는 말만 골라 바람 속으로 휙, 날려버린다. 그 순간 말은 얼씨구나 좋다 하고 사방으로 쫙 퍼져나간다.

그래서 말에는 늘 오해가 뒤따르는 법이다. 그래서 말을 뱉은 주인은 대책 없이 퍼져나간 말을 뒤쫓아 다니며 일일이 변명하다가 인생의 볼 일을 거의 다 본다. 말을 안 했으면 변명하고 쫓아다닐 일도 없다. 뒤늦게 깨닫고 후회해 봐야 그것도 시간 낭비에 불과하다.

많은 사람들은 자기가 뱉은 말 때문에 억울하다고, 비싼 교통비와 시간을 들여가며 공연히 변명하느라 쫓아다니며 주어진 대부분의 삶의 시간을 허비하고 있다.

말을 많이 하고 싶을수록 더 참아야 하고 말을 적게 하고 싶을 때도 참고, 말을 하고 싶지 않을 때도 참아야 하는 것밖에 달리 방법이 없다.

꿈에 대하여

😊 막연한 꿈이라도 안 꾸는 것보다 꾸는 것이 훨씬 더 낫다

현실성 없는 꿈이라고 해서 우습게 보면 오늘날 무거운 쇳덩이가 하늘을 나는 것을 볼 수 없었을 것이다. 허황된 꿈이라도 오래 간직하고 있어 보면, 그것이 현실이 되는 수가 있다.

꿈을 너무 쉽게 접어버리면, 다른 사람이 얼른 낚아채 가 버리는 수가 있으므로, 그게 아까워서라도 꿈을 비밀스럽게 간직하라. 인간 자체가 현실적이면서 비현실적인 것을 어쩌겠나. 꿈은 비현실적이지만, 비현실도 도전하면 현실이 된다는 것을 인간의 역사 속에서 수없이 보아왔다. 그리고 지금도 보고 있는 것이 사실이다.

꿈을 가진 인간과 꿈을 못 가진 인간은 심장이 뛰는 박동 수가 다르다.

전문가

🍔 전문가란 자기가 아는 분야의 독창적인 집을 짓는 것이다

김연아와 손연재는 피겨스케이팅을 어릴 적부터 본래 잘 탔던 것은 아니다. 특별히 다른 사람에 비해 소질을 갖고 태어난 것도 아니다.

천부적으로 타고난 목소리를 가진 가수도 새로운 곡을 받으면, 몇만 번쯤의 연습을 반복한다고 한다. 그리고 나서 됐다, 싶으면, 비로소 취입도 하고 무대에 올라가 대중 앞에서 노래를 부른다고 한다.

한번 달인의 경지에 올랐던 사람도 오랫동안 게으름을 피우면 세워둔 기계처럼 녹이 스는 법이다.

처음부터 잘할 수 있는 사람도 없고 계속 잘할 수 있는 사람도 없다. 마라톤에서처럼 뒤따라오는 자가 계속 뒤따라온다는 법은 진짜로 없다. 언제 어느 순간 앞으로 추월해 나갈지 모르는 법이다.

계속 무엇을 잘하는 사람은 남들이 잠든 시간에 일어나 눈에 쌍심지를 켜고 연구를 게을리하지 않은 사람들이다. 실수와 좌절을 먼

저 맛보고 경험한 사람들이다. 대장간의 쇠붙이처럼 수없이 자신을 달궜다가 식혔다기를 반복하면서 담금질을 한 사람들이다.

특별히 맛있지도 맛없지도 않은 세끼 밥을 빼놓지 않고 매일 챙겨 먹는 것처럼 꾸준하게 반복하다 보면 어느 날 자신이 그토록 되고 싶었던 전문가가 되어 여러 사람들 앞에 서 있는 자신의 모습을 발견하게 된다.

진리

🍔 나중에 깨닫는 것은 의미가 없다

다 살아보고 노인이 되어서 깨닫는 진리는 남을 가르칠 수는 있을지 몰라도 정작 자신에게는 별 쓸모가 없다.

부모 부양을 귀찮아하고 힘겹게 생각하는 만큼 고약한 것도 없다. 어느 부모든지 자식을 키울 때는 목숨을 내줘도 아깝지 않게 생각해 왔다.

부모가 늙어 신경 쓰여도 부양할 부모가 있어야 타의적이나마 이기적인 삶에서 잠깐이라도 벗어날 수 있다. 부모라는 존재를 통해, 비록 부모라 할지라도, 이타를 위한 삶을 조금이라도 경험해 보라고 권하고 싶다. 얼마나 좋아하고, 행복해하며, 기뻐하는지를!

반려동물을 키우는 단 한 가지 이유는, 반려동물이 더없이 기뻐하고 좋아한다는 데 있다. 당신을 낳아주고 키워준 부모가 당신이 잘되면, 당신이 키우는 반려동물보다 덜 기뻐하고 덜 좋아할 것 같은가.

부모를 소홀히 하면서 주말마다 끼리끼리 어울려 봉사를 한답시고 이곳저곳 복지시설을 찾아다니는 위선적인 모습을 갖고 있지나 않은지, 자신을 한 번 뒤돌아보라.

그보다 더 비양심적이고, 뇌가 없는 인간도 없다. 당신이 부모를 대하는 태도는 훗날 자식들로부터 어김없이 당신에게 되갚음 된다는 사실을 잊지 말자.

아주 멍청한 사람이 아니라면 진리란 경험을 통해 다 살아보고 나면 어느 정도는 안다. 하지만 다 살아보고 나서 깨닫는 진리가 과연 무슨 소용이 있다는 말인가.

이미 늙어서 괴로움과 회한만 남을 뿐이다. 조금이라도 먼저 깨달

밥상머리에서 들려주는 한국인의 멘토링

아야 훗날 자식이라는 애물단지가 당신과 똑같이 닮아 보복해 오지 않는다는 사실을 알자.

사랑

🍔 사랑에도 다양한 메뉴가 있다

세상에 존재하는 것 중에 소중하지 않은 것은 없다. 징그럽게 생긴 뱀이라도 지금까지 존재해 왔다는 사실 하나만으로 충분히 아름다울 수 있는 것이다.

친구가 좋고 편하다고 해서 친구만 있어도 결핍이다. 잔소리하는 부모도 없어져 보면 불행이 닥쳤을 때 그 사랑을 아무도 대신해 주지 않는 것임을 알게 된다.

사랑에도 저마다 독특한 색깔과 무늬가 있다. 부모 사랑 다르고 비슷하지만 조부모 사랑이 다르다. 형제자매가 다르고 사촌, 이모, 고모, 삼촌, 조카도 인연이 다른 만큼 사랑의 결과 무늬도 조금씩 다르다.

사랑의 편식도, 편식이라는 점에서, 좋을 것은 하나도 없다. 삶이 더 풍요롭기를 바란다면, 사랑의 폭도, 좀 더 넓혀라. 어떤 때는 이런 음식, 저런 음식이 먹고 싶듯, 사랑도 메뉴가 다양할수록 삶이 풍요로워진다.

부모, 조부모 또는 형제만 있고 자매가 없어도. 또 자매만 있고 형제가 없어도. 형제자매만 있고 사촌이 없어도. 고모나 이모만 있고 삼촌이 없어도. 다 없고 연인만 있어도 그 사랑은 결핍된 절름발이 사랑이다.

아이디어

😀 빠른 것은 좋은 것이 아니다

아이디어는 한가로움과 여유 속에서 탄생한다. 남들이 볼 때 그냥 멍청하게 앉아 있는 것처럼 보여도 머릿속에는 바쁘게 공상이 일었다 스러졌다 하는 것이다.

비록 공상일망정 그런 공상 속에서 쓸 데 있음 직한 아이디어 하나가 강태공의 낚시처럼 획, 낚아채지는 것이다. 마치 쭉정이 속에서 알곡이 나오듯, 쓸모없는 공상 속에서, 쓸모 있는 아이디어라는 알곡이 튀어나오는 것이다.

바쁘고 분주한 사람의 머릿속에서 나올 것은 기계적인 노동과 능률뿐이다. 바쁜 사람의 머릿속에서는 절대로 공상이라는 것이 생겨날 수 없다. 공상이야말로 창조적인 아이디어를 건져내는 황금어장인 것이다.

서커스 무대의 코끼리나 원숭이처럼 먹이를 얻기 위해 바쁠 필요가 없다. 아이디어의 집을 짓기 위해 공상이라는 독창적인 상상의 날개를 마음껏 펼쳐보라.

끼

🍔 무엇을 할까 말까 쭈뼛거리지 마라

박자나 음정이 틀리더라도 노래를 부르는 게 안 부르는 것보다 낫다.

넘어질 것이 부끄러워 축구를 안 하는 것보다 우스꽝스럽더라도 그런 적극적인 태도가 삶을 의미 있게 만든다.

초등학교 교실에서 선생님이 질문할 기회를 주면 손을 번쩍 들고 질문을 쏟아내는 아이와 그냥 주눅 든 듯이 가만히 앉아 있는 아이와는 나중에 분명 하늘과 땅만큼 큰 차이가 있다.

대학에서 교수가 질문할 기회를 주면 영·미 쪽의 대학생들은 예외 없이 적극적으로 질문을 하고 나서는 반면, 한국의 대학생들은 수줍은 티만 내고 아무도 질문할 생각을 못 하는 경우가 많다.

노래를 부르지 않으면 박자도 음정도 절대로 틀리지 않는다. 틀릴 것이 두려워 노래를 부르지 못한다면 삶의 의미를 진짜 모른다.

떨어질 것이 두려워 나무에 오르지 않는 원숭이는 없다.
실수하고 부끄러워 쩔쩔매면 보는 사람이 더 부끄러워진다.

일부러라도 실수하고 반전을 꾀하는 것이 진정한 프로다.

아무리 노래를 잘 불러도 진짜 가수보다 노래를 더 잘 부를 수는 없다. 그러나 더 재미있게는 얼마든지 할 수가 있다.

실수하고 넘어지고 자빠져 보이는 것은 재미를 창조할 줄 아는 영구일 뿐, 진짜로 넘어지는 바보 영구는 아니다.

특별한 기술이 없어도 재미 하나만 가지고 티브이에 나타나서 부를 누리는 사람들도 있다.

직장이나 일상속에서, 재미있는 사람이 되고 싶고, 적을 만들지 않고, 쉽게 살고 싶으면, 노래를 잘 부르려 하지 말고 재미있게 부르면 된다.

재미있는 길로 가는 것은 쭈뼛쭈뼛하는 태도와 담 쌓는 일이다.

오락과 예술

🍔 본질에 대한 것을 혼동하지 말자

지하철역이나 백화점, 공항 대기실 한쪽에 흔히 목격되는 "예술 공간"이라는 것이 있다.

예술이란 예술가들의 독특하고 놀라운 행위로 전통적으로 금기시해왔던 것들을 일시에 전복시키는 감동이 있다.

대중예술에서 오락적인 요소가 완전히 배제될 수는 없지만 그렇다고 해도 본질적인 것이 완전히 배제되어 있다면 그것은 예술을 도적질한 것이어서 인간에게 수치심만 안겨 줄 뿐이다.

요즘에는 예술에 종사한다고 하는 사람들조차 예술이 갖는 본질적인 것을 잘 이해하지 못하는 예술인들도 많아서 예술이 품위를 잃고 있다.

오락과 예술을 혼동하지 말자.

밥상머리에서 들려주는 한국인의 멘토링

절제

🍔 대부분의 인간들은 무료할 때 이상한 짓을 한다

몸뚱이의 종에 불과한 피도 한순간을 그냥 놀고먹지 않는다. 주인이 무료해 하는 시간, 잠자는 시간에도 늘 깨어서 쉬지 않고 일을 하는 게 피다.

피가 싫어하는 것은 술과 담배다. 주인이 날마다 술과 담배를 퍼부어 대니까, 참다못한 피도 에라, 모르겠다, 누가 손해인가, 한 번 해 보자면서 배신을 때리는 것이다. 암이라는 게 그래서 생겨나는 것이다.

주인이라고 해서 교만하게 모든 세상일을 마음대로 하면 안 된다. 마찬가지로 사장이 겸손하지 못하고 사원을 마음대로 부리려 들면, 언제 뒤통수 얻어맞을지 모른다. 이것이 법에도 없는 법이다.

철로는 나란히 놓였을 뿐, 절대로 한데 붙지 않는다. 철로처럼 가까울수록 예절을 지키고 절제를 할 필요가 있는 것이 사람의 처세다. 그래야 서로 존경하는 마음도 생겨나고 교제가 오랫동안 지속된다.

가구는 새것으로 자꾸 바꿔 주는 게 좋을지 모르나, 사람은 된장이나 고추장처럼 오래 묵혀야 구수한 맛이 우러나는 법이다.

장애물

🍚 신도 공짜로는 무엇이든 안 준다

사람의 일이란 쉬운 게 없다. 제아무리 쉬워 보이는 일도 막상 덤벼서 해 보면 쉬운 게 없고, 금방 지쳐서 나가떨어진다. 어느 곳이건 극복해야 할 장애물이 복병처럼 숨어있지 않은 곳은 없다.

그러나 인간 앞에 놓아진 장애물이란 제아무리 철옹성 같아도 극복이 안 되는 건, 동서고금을 통해서도 정말 하나도 없다.

물방울도 계속 떨어지면 바위를 뚫는 법인데 귀신같이 생겨 먹었다는 인간이 물방울보다 못할 수야 없지 아니한가. 어느 못된 신이 있어서 극복 못 할 장애물을 인간 앞에다 둔단 말인가.

신이란 인간이 어디까지 발전하는지, 그 모습을 보고 싶어서, 시험을 한번 해 보는 것일 뿐, 다른 의도가 있을 턱이 없다. 왜냐하면, 인간이 없으면, 신도 사라지고 만다는 것을 신이 너무나 잘 알기 때문이다. 그러므로 신이 미쳤다고, 제 죽을 짓을 하고 싶어서, 공연히 극복 못할 장애물을 인간 앞에 두겠는가 말이다.

바다가 거칠고 위험해야 유능한 뱃사람을 탄생시키는 법이다. 평온한 바다는 무능하고 돼지처럼 게으른 뱃사람만 만들어 낼 뿐이다. 인간을 귀신만큼이나 강하게 만들어 내는 것이 신의 사명인 것을, 제 사명에 어긋나는 짓을, 신이 할 일이 없어서 그 짓을 한다는 말인가.

인간들이 하는 모습을 보고, 그만하면 됐다 싶을 때 때, 신이 흐뭇해하며, 보이지 않는 손을 쓱 내밀어, 장애물을 슬쩍 걷어가는 것이다.

장애물을 만나면 누구든지 당신의 신을 생각하라. 신은 인간이 극복 못 할 장애물이 없다는 것을 너무나 잘 알고 있기 때문에, 오늘도 하나씩, 장애물을 당신 앞에 놓아두는 것이다.

그래야 당신이 더 강해지고 자신을 빼닮을 것이라고 믿고 있기 때문이다.

메타버스

⊜ 아바타가 된 인간

나는 누구인가? 살아 있는가, 죽어 있는가? 자의식인가, 타의식인가? 조종하는가, 조종당하고 있는가?

아바타가 움직인다. 인간도 움직인다. 아바타를 움직이는 인간, 인간을 움직이는 아바타. 한번 죽으면 끝나는 인간, 열 번 죽어도 다시 살아나는 아바타. 핵무기가 두려운 인간, 핵무기가 장난감인 아바타.

아바타와 인간. 드론과 비행기. 메타버스!

용서

⊜ 타인을 용서하는 것은 자신을 행복하게 만든다

세월이 흐르면 사물이 본래의 빛깔을 잃는 것처럼 인간의 두뇌 역시 안 좋은 과거의 기억들을 자연히 하나씩 지워낸다.

안 좋은 기억을 그대로 오래 갖고 산다는 것은 타인에 대한 적개심을 그대로 갖고 산다는 뜻이다. 사랑의 덩어리인 사람이 증오의 덩어리로 산다는 것은 불행을 자초하는 일이다.

그러나 용서라는 것은, 과거의 기억이, 희미해질 때까지 기다려서 하는 것이 아니다. 빠르면 빠른 만큼 스스로에게 좋은 것이다.

상처받은 과거의 기억이 생생하게 남아 있는 한 용서는 쉽지 않다. 그러나 그것을 마음속에 담고 괴로워하는 쪽은 상대방이 아니고 바로 자신이다.

위로를 받아야 할 사람은 자신이고, 고통 받아야 할 사람은 상대방인데, 거꾸로 상대방은 아무렇지도 않고, 자신만 힘들고 괴로운 것이다. 그러므로 용서는 상대방을 위한 것이 아니고 곧 자신을 위한 것이다.

세상을 살아가노라면 누구나 조금씩은 억울한 경험을 겪는다. 그러한 경험을 안겨 준 대상은 그저 악역을 맡았을 뿐 굳이 나쁜 사람으로 구분할 필요는 없다. 악역을 맡은 사람도 누군가에게는 분명히 좋은 사람이다.

억울했던 경험도 시간이 지나고 보면 반드시 나쁜 작용만 하는 것은 아니다. 그러한 경험을 통해 진실과 정의를 배우고 참고 견디는 인내심을 키운 것이다.

불의가 있어야 정의를 볼 수 있고 억울함이 있어야 세상을 밝히는 진리의 등불이 보이는 법이다. 용서와 자비는 그 사람을 위해 베풀어지는 것이 아니라 스스로를 고통의 바다에서 건져내는 일이다.

용서하지 못하면 스스로가 괴롭고 용서하고 나면, 승리감으로, 스스로 기쁨이 충만해진다.

타인을 용서하는 것은 나를 극복하는 것이고, 나를 극복하면, 모두를 다 극복하는 것이다.

모든 인간을 다 극복하고 이길 수 있는 핵무기가 바로 용서다.

진정한 친구

🍔 위험에 처해 보지 않고는 친구의 진정성을 다 알 수 없다

바람 불지 않는 날의 호수처럼 평온할 적에는 누구든지 근사하고 마음에 쏙 드는 말을 다 할 수 있다.

밥을 같이 먹고 차를 마실 때는 모두가 다 하나같이 좋은 친구다. 그러나 정작 위험에 직면해 있다 싶으면 밥이나 차를 사 준다고 해도 그 좋다던 친구도, 동지도 눈치를 보며 슬슬 다 피하고 도망간다.

아무 일 없을 때는 사양을 해도 선물꾸러미를 안고 찾아오던 사람들이다.

악마도 인간 사회에 나타날 때는 절대로 악마의 모습 그대로 오지는 않는다. 반드시 천사의 얼굴로 가장하고 온다.

지금 가장 친한 척하면서 입맛에 맞는 말만 골라 하는 사람보다 있는 듯 마는 듯 한결같은 모습이 더 믿음직스럽다.

다 망하고 남은 것이 없을 때 변함없는 친구가 진정한 친구다.

보석 같은 친구

삶을 복되게 하는 것도, 재앙을 안겨 주는 것도 모두 사람이다

어리석은 사람이 현명한 사람을 만나면 덩달아 현명해질 수 있다. 큰 그릇을 가진 사람이 늘 작은 그릇과 어울리다 보면 똑같이 어리석음에 빠질 공산이 크다.

아름다운 꽃이 피는 문전옥답이라고 해서 그 밑에 금맥이 들어 있는 것은 아니다. 거친 돌무더기 땅 아래도 금광맥이 없다는 법은 없다.

겉모습을 보고 사람을 판단하면 좋은 친구를 만나지 못한다. 좋은 친구를 바라보는 눈이 없으면 장차 성공할 기회도 없다.

외형은 문전옥답 같지 않아도 머릿속에 든 금맥은 얼마든지 있을 수 있다. 머릿속의 금맥을 바라볼 줄 알아야 좋은 친구를 만날 수 있다.

첫인상은 좋아도 갈수록 정떨어지는 사람도 있고, 시간이 갈수록 은근함이 묻어나는 멋진 사람도 얼마든지 있다.

진정한 친구란 지금의 나보다 현실적으로 잘 나가는 친구가 아니나. 어려움을 진지하게 생각해 주고 배려해 주는 친구다.

에로스

🍔 사라질 것들은 모두 아름답다

귀한 것은 잘 관리하지 못하면 어디론가 금방 달아난다. 보석도 처음 같지 않게 오래 가지고 있으면 조금은 싫증나는 법이다.

변함없이 오래 머무는 사랑은 신뢰할 수 있는 남편이나 조강지처처럼 나쁘지는 않지만, 크게 화려하지는 않다. 사라지지 않는 것들은 화려하지도 않고, 애틋하지도 않다. 그러나 금방 사라질 것들은 눈부시도록 화려하고 애간장을 다 녹인다. 아름답다는 것의 공통점은 곧 사라지는 데 있다.

꽃이 아름다운 것은 불과 며칠을 못 견디기 때문이고, 젊음이 아름다운 것도 금방 늙기 때문이다. 사랑도 제2막에 가서는 이별이라는 복병이 감추어져 있기 때문에 늘 안타깝고 처연하게 슬프고 아름다운 것이다. 사라지지 않는 사랑은 그렇게 화려하지도, 애틋하지도 않다.

에로스의 사랑이란 늘 그런 모습이다.

기성품

☺ 사람들은 낯설게 행동하면 비웃음을 산다

남들이 유명 브랜드의 신발을 신으면, 똑같이 그래야 하고, 이름난 장소로 가서 커피를 마시면 덩달아 그래야 모자라지 않게 사는 줄로 안다. 그러나 그것은 한 마리의 개가 짖으면 영문도 모르고 같이 따라 짖어대는 개 떼들과 별로 다르지 않다.

기성세대의 부모들은 어릴 때부터 알게 모르게, 이런 식으로 아이들을 교육하는 습성을 들여왔다. 기성세대들은 이웃 아이들과 같은 행동을 해야 남들로부터 비웃음을 사지 않는다는 것을 아무렇지도 않게 교육을 주입해 온 것이다.

그 결과 아이들은 개인의 뛰어난 개성을 포기하고 기성품 인간으로 성장한다. 기성세대의 사람들은 입으로는 개성을 강조하면서도 실제로는 남을 따라 하는 기성품으로 전락할 것을 주입해온 것이다.

인간의 위대함은 개성에 있다. 남들이 다 하는 짓을 따라 하는 것은 주변과 잘 어울려 보이게 조화가 되라는 것과 같다. 조화는 틀림없이 향기가 없다. 어느 바보 인간이 향기 없는 사람을 좋아하겠는가.

학교에서나 집에서 엉뚱한 말과 독특한 행동을 나타내 보이는 것은 그 아이만 갖는 개성이고 독창성이다. 인간의 개성과 독창성을 꺾어 놓는 일보다 더 잔인한 것은 없다.

아이들은 실수를 하고, 잘못을 저질러도 그저 칭찬만 해 줌으로써 나중에 위대한 한 인간이 만들어지는 것이다.

이것도 안 되고 저것도 안 된다고 지적만 받은 아이는 성인이 되었을 때 할 줄 아는 것이라곤, 수줍고 부끄러워하는 것과 용기 없고, 수치심만 잔뜩 느끼는 것밖에 없다.

쓰임과 이용

🍔 강한 것은 부드러운 것이다

쇠는 불에 달구지 않고는 강해질 수 없다. 시련을 겪지 않으면 인간도 강인해지지 않는다.

고생을 안 해본 사람은 좀처럼 남을 돕지 못한다. 고생을 해 본 사람이라야 나중에 불행한 사람을 돕는다.

건강한 사람은 아픈 사람의 마음을 헤아릴 수 없고 아파 본 사람만이 아픈 사람의 심정을 안다고 할 수 있다.

삶의 과정은 행운보다 불행이 훨씬 더 많다.

쇠는 강하지만 쓰이고 닳아갈 때 녹슬지 않는다. 쓰이고 닳는 것을 거부하면 제아무리 강한 무쇠덩이도 금세 녹슬어 못 쓰게 된다.

인간은 위대해질수록 인류에게 더 쓰임을 당한다. 쓰이지 않는 인간은 절대로 위대해질 수 없다.

쓰임 당하는 것을 이용이라고 생각하지 말고 이용 가치가 없는 인생을 두려워하라.

친구의 함정

😄 가구는 새것일수록 좋지만, 친구는 오래될수록 좋다

진실로 친한 친구란 좋은 경험, 나쁜 경험을 다 하면서도 변함이 없어야 한다.

심적 격동을 서로 이해하고 화장실 같은 곳에서 소변을 보면서 서로의 생긴 고추 모양까지 들여다보고 킬킬거릴 정도로 허물이 없으면 좋다.

친구도 교류가 빈번해야 친구지 서로 멀리 떨어져 있으면 저절로 사이가 멀어진다.

가까웠던 친구가 멀어지면 치명타를 안겨 주는 적으로 변하는 것을 너무나 쉽게 본다.

한동안 연락이 없던 친구가 갑자기 나타나 달콤한 말로 돈을 빌려달라거나 보증을 서달라고 하는 경우가 더러 있다.

가까이 있을 때나 멀리 있을 때나 보증을 서달라고 나온다면 이미 상대는 친구에서 떠난 것이다. 친구도 아닌 떠난 사람에게까지 돈을 못 빌려주거나 보증을 못 서 줘서 마음 아파하는 사람이 되면 매우 어리석다.

보증이란 부모가 되어도 매우 조심하고 꺼리는 일이다. 부모가 보증을 설 때는 자식이 일이 잘못되었을 때 부모가 대신 감옥까지도 들어가 주겠다는 각오 아래 보증을 서는 것이다.

부모는 인생의 경험이 풍부하므로 보증을 서기 전에 요모조모 곰곰이 따져 보게 된다. 보증을 요구하는 기관이 믿을 수 있는 기관인지 아니면 그렇지 못한 곳인지를 객관적 안목으로 면밀히 따져보게 되는 것이다.

안 되겠다고 판단되면 부모는 아들에게 '그것은 안 된다.' 하고 거절하게 되는데 이때는 보증을 안 서주겠다는 것이 아니라 장차 아들이 잘못될 길로 들어설 것을 염려하여 재난을 막아 주겠다는 것이다.

보증을 안 서 주겠다는 것과 그 일을 그만두라고 하는 것은 구분해서 볼 줄을 알아야 한다. 설사 아들이 그 일을 계속하고 싶어도 부모의 말을 더 신뢰하고 순종하는 것이 올바른 태도다.

부모는 어리석지 않을 만큼 충분한 사회 경험을 축적한 해박한 지식을 가진 사전이나 마찬가지기 때문이다.

친구의 선을 지키지 않고 보증을 서 달라고 한다면 이는 친구인 척하면서 자신을 위해 친구를 평생 헤어날 수 없는 구렁텅이에 처박아 넣자는 것이다. 그런 친구는 보증을 서 주는 순간 떠난다. 그러나 부모는 자식을 버리고 떠날 데가 없다.

보증을 서 준 결과가 잘 된 예는 적어도 인간 세상에서는 분명히 말해서 거의 없다. 만약 보증을 요구하는 친구가 있다면 그것은 인생에서 크게 한번 이용해 버리자는 계획에 불과하다. 그러므로 친구끼리는 금전 거래는 절대로 하지 말아야 한다.

평생 가는 친구는 우리가 늘 마시는 공기처럼 부담을 전혀 주지 않는 친구다. 부탁 같은 것은 마지막 목숨이 끊어지는 순간까지 절대로 하지 않는 친구다. 그것을 철칙으로 알고 지켜야 평생 동안 친구 사이를 유지할 수가 있다.

진정한 친구 사이의 예의란 조금이라도 부담이 되는 부탁을 안 하는 것이다. 단돈 1,000원도 피해를 안 주려는 마음가짐이 있어야 진정한 친구다.

만약 같이 한 여행에서 불가피하게 친구에게 1,000원의 돈을 빌렸다면 절대로 잊어버리는 일이 있어서는 안 되고 반드시 기억했다가 커피라도 한 잔 사는 게 옳다.

친구는 괜찮다고 아닌 척하지만 언제나 당신에게 점수를 매기고 있다는 점도 알 필요가 있다.

유럽의 어느 철학자는 평생을 다 살고 죽으면서 한 사람의 친구도 못 만들었음을 탄식하는 의미심장한 말을 남겼다.

친구는 가족보다 더 깊은 비밀을 서로 공유하기도 하지만 돌아서면 적이 된다. 그러나 가족의 울타리는 돌아설 곳 하나 없을 때 남는 마지막 은신처이다.

반듯한 친구보다 실망을 안겨 주는 친구가 항상 더 많다. 그런 친구를 어떻게 상대할 것인지는 전적으로 당신의 몫이다. 당신에게 글을 쓰는 이 사람도 알기는 하지만 더는 말할 수 없다.

노동의 미학

🍔 목수가 되어 집을 직접 지어보는 감동이 바로 예술이다

소꿉놀이를 대신해 주기를 바라는 어린이는 절대로 없다. 직접 벽돌을 쌓아 본 사람이라야 그것이 감동적인 줄을 안다.

예술은 향유하는 것보다 직접 참여하는 행위가 더 감동적이다. 시를 읽는 것보다. 뼈를 깎는 고통이 따르더라도 직접 창작해 보는 것이 훨씬 더 기쁘고 행복하다는 말을 하고 싶은 것이다.

운동이 고되다고 누가 그것을 대신해 주기를 바라겠는가. 고된 운동 후에 찾아오는 하늘을 날듯한 기분을 누가 대신해 주기를 바라겠는가.

병들고 근심이 많은 사람만 주검처럼 움직이는 것이 귀찮을 뿐이다. 건강한 사람이라면 어느 어린이가 소꿉놀이를 대신해 주고 어느 어른이 텃밭 가꾸기를 대신해 주기를 바라겠는가.

노동이 예술이고 미학인 것이다.

헛똑똑이들

☻ 대부분의 사람들은 부자처럼 보이려 꾸밀 줄은 알지만 부자가 되는 방법은 잘 모른다

가난한 사람들일수록 남에게 있는 것처럼 보이고 싶어 애를 쓴다. 꾸미는 데 애쓰는 일은 결국 빚만 더 늘어나게 할 공산이 크다.

부자처럼 보이는 것보다 부자 되는 방법이 의외로 더 손쉬울 수 있을지 모르는 일인데 대부분의 사람들은 부자처럼 보이는 것에만 노력을 한다.

부자처럼 보이면 도둑이나 사기꾼이 좀 나누어 갖자고 덤빌 것이 뻔한데도 사람들은 아랑곳없다. 부자처럼 보이지 않으면 도둑도 사기꾼도 모두 비켜갈 것인데 그것을 마다하는 게 대부분의 사람들이다.

그래도 상관없다는 듯, 사람들은 매일 부자처럼 보이고 싶어서 환장한 모습들이다. 부자처럼 보이고 싶어 하는 만큼 노력을 한다면, 부자 되는 일이 그다지 어려운 것도 아닐 텐데, 사람들은 그런 노력 따위는 별로 필요가 없다는 모습이다.

헛똑똑이들이다.

빛과 어둠
───────

🥟 빛이 아름다운 것은 어둠이 있기 때문이다

천국이 아름다운 것은 지옥이 있기 때문이다. 지옥이 없으면 천국을 어디서 발견할 수 있다는 말인가.

햇볕도 어둠이 있어야 찬란하고 아름답게 빛난다. 어둠이 없고 햇볕만 있으면 모두가 다 시커멓게 타 죽을지도 모른다.

서로를 비춰 주는 거울이 있어야 존재에 대한 가치가 생긴다. 불행이 있어야 행복이 있고, 행복이 있어야 불행이 있다.

행복과 불행은 다른 몸이 아니라 한 몸으로 가는 자전거의 두 바퀴다. 불행도 지나고 보면 아름다울 수 있다.
도무지 행복 같지 않은 것도 진짜로 불행해 보면 더없는 행복이었음을 깨닫게 된다.

일상이 천국이면 천국은 없다. 지옥이라는 거울이 있어야 천국이 있다.

이타와 이기

😄 이타를 위한 것도 결국 이기의 삶이다

태양과 물은 자신들의 삶에 열중한다. 만물을 다 먹이고 마시게 하면서도 태양과 물은 너희들을 위해 내가 존재한다고 떠벌이지 않는다. 정 못마땅하면 언제든지 잔인하게 태워 버리고 홍수로 쓸어 버릴지언정 생색내는 일은 진짜로 없다.

사람은 공직에 종사하거나 정치를 하면서, 온갖 호사라는 것을 다 누리면서도, 국민을 위해 봉사를 했다고 의뭉떨기를 좋아한다.

진짜는 세금 꼬박꼬박 갖다 바치는 국민이 저들을 위해 봉사한 것이나 다름없는 것인데도 정치인, 공직자, 교육자, 군인, 경찰, 법관, 심지어 기업인들까지도 입버릇처럼 사회에 헌신하고 봉사했노라고 지껄여 댄다.

인간의 모든 행위는 이기가 본질이다. 비영리 봉사단체 소속으로 활동한다고 해도 그것을 통해 자아실현을 하고자 하는 것이므로 이기적인 행위인 것이다.

이 세상 왔다가 잘 살고 간다는 말을 남기고 억울하게 자살한 어느 한 군인만 빼면 인간들은 전부 위선의 가면을 쓰고 입을 함부로 나불거린다.

말없이 그냥 살면 어느 누가 시비질할 것도 아닌데, 도둑이 제 발 저린 것도 아니고, 공연히 가벼운 입을 나불거려 속 보이는 짓만 한다.

재판을 맡은 사람도 판결문을 쓸 때 "그동안 사회에 봉사한 것을 감안하여 감형한다."고 버젓이 말하는 것을 보면 그 머리로 무엇을 판결하는지 모르겠다.

사람에 따라서는 태양처럼 물처럼 입을 다물고 살아가는 사람도 아주 없지는 않다. 그런 사람들의 특징은 하나같이 자신의 욕망을 채워서 갖는 기쁨보다 남을 도와주어, 기뻐하는 모습을 보면서, 자신이 더 행복해하는 사람들이다. 태양과 물의 얼굴을 닮은 사람들이다.

눈을 크게 뜨고 우리 이웃에 잘 살펴보면 가끔 이런 사람들이 있다. 이런 사람들은 공무원도 정치인도 군인도 경찰도 교육자도, 종교인도 법관도 아닌 무관의 사람들이 대부분이다.

태양과 물이 천만년을 넘기며 묵묵히 세상을 치면서도 생색 한 번 낸 적 없는 것처럼 우리 곁에 이러한 이웃들이 더러 살고 있어서 그래도 희망적이다.

아주 가난한 것은 말고
조금은 가난한 듯하게

⊜ 과욕을 부리면 재앙이 처마에 고드름처럼 매달린다

탐욕이 많은 사람은 온 집 안을 금으로 가득 채우고도 다이아몬드가 없음을 탄식한다. 국회의원이 되고도 3부 요인이 못됨을 아쉬워하고 한탄한다.

입은 육신의 탐욕이 집약된 곳이다. 믹는 입이 없다면 처음부터 인간은 하나님으로 탄생했을 것이 분명하다.

탐욕으로 상징되는 악마의 입을 가졌으나 인간들은 그것도 모르고 그 입으로 멋지다는 말도 하고 키스까지 한다.
립스틱을 칠하는 걸 보면 남자들보다는 여자들이 그래도 뭘 좀 더 아는 것 같다.

돈이 많아서 반드시 더 좋은 것은 아니다. 많은 돈을 가진 사람들일수록 더 많은 돈을 가지고 싶어 한다.

대부분의 가난한 사람들은 그저 가족들이 편히 잠자고 쉴 수 있는 공간과 끼니 거르지 않을 정도만 보장되면 그대로 만족하는 경향이 있다. 더이상 지긋지긋하게 피 터지는 삶의 현장을 피하고 싶은 사람들이 대부분이다.

최소한 소박한 꿈이 이루어지면 가난을 벗어났다는 것을 안도하며 조용히 절간이나 교회를 찾아다니며 불전이나 헌금을 갖다 바치는 특징이 있다.

한국은 유달리 교회나 절간이 크게 지어지고, 또 목사나 스님들이 돈을 너무 많이 가져 타락하는 경우가 많다.

크게 부자가 된 사람 가운데 교회를 다니거나 부처님을 섬기는 사람은 많지 않다. 가진 것이 많으므로 돈이 하나님이고 자신이 하나님이라고 생각하는 것이다.

돈은 절대로 신이 아니다. 그런데 요즘의 신들은 하나같이 모두 새로 등극한 '돈신' 앞에 무릎을 꿇고 머리를 조아린다.

돈이 없어서 크게 문제가 되는 것은 도둑질에 국한하지만 돈이 많아서 타락하는 경우는 마약에 취한다든지 할아버지, 아버지를 역적으로 몬다든지 참으로 다양하다.

맛있다고 과식하면 배탈이 난다는 것은 누구나 다 안다. 그러나 돈을 많이 가지면 대부분 타락하게 된다는 사실을 아는 사람은 별로 많지 않다.

부자 부모를 둔 자식들이 돈 귀한 줄 모르고 흥청망청 쓰다 결국 마약에 빠지는 경우가 너무나 많다.

아주 가난하지는 말고, 약간 가난한 것도 그리 나쁘지만은 않다고 볼 수 있다.

지나치게 가난하면 사랑도 도망간다

😊 가난의 그림자가 대문 앞에 나타나면 사랑은 기겁하여 뒷담장 타고 도망간다

연료 없는 자동차는 제아무리 비싸고 좋아도 쓸모가 없다. 학처럼 우아하게 하늘을 날던 비행기도 기름이 떨어지면 날개가 있어도 날지 못한다.

인간 역시 올바른 정신을 유지하기 위해선 일단은 배가 불러야 한다. 금강산 구경도 식후경이란 말은 그래서 생겨난 것이다.

인간이 선하고 악할 수 있는 것도 다 배가 부르고 난 다음의 이야기다. 굶주린 사람은 착한 척을 하고 싶어도 할 수 없게 돼 있다. 배가 불러야 정신을 차릴 수 있고, 정신을 차려야 옳고 그른 분별력이 생긴다.

천성이 놀부 심보라도 가진 것이 있고 여유가 좀 있으면 최소한 강도짓은 않는다. 반대로 천성이 제아무리 흥부라도 굶주리다 보면 순간적으로 눈이 뒤집어져 남의 것도 슬쩍할 공산이 크다.

부자가 모두 선하다는 말은 아니다. 덜 가졌다고 모두 다 나쁘다는 말도 물론 아니다. 그러나 최소한 가난뱅이로 전락해서는 안 된다는 말을 하고 싶은 것이다.

그러나 대부분의 큰 부자들은 필요 이상 더 많은 것을 가지려고 애쓴다. 가진 것이 많으면 안 해도 될 고민을 안고 살기 마련이다. 부처가 왜 가진 것을 다 내려놓고 나면 근심 걱정을 벗어날 수 있다고 설했겠는가?

자식도 마찬가지다. 없는 것보다 있으면 삶의 에너지를 거기에다 모두 쏟아 부어야 한다. 없으면 안 해도 될 고생인 줄을 선진국 국민들은 이미 눈치를 다 채어 버렸기 때문에 출산율이 떨어지는 것이다.

자동차도 가지면 더 신경이 쓰이는 법이다. 휴대폰을 누르기만 하면 언제든지 운전사까지 딸린 택시가 그새 자가용으로 둔갑하여 부리나케 달려와 주는데도 굳이 거금을 들여 식구 수대로 몇 대씩의 자가용 승용차를 갖는 것도 우습다.

편하자고 가지는 자가용 차지만 따지고 보면 그게 다 불편을 준다.

주식도 가지지 않으면 손해 볼 일도 반 토막 날 걱정도 없이 스트레스 안 받고 편히 살 수 있는 일이지만 애써 모은 돈을 거기다 모두 집어넣고 자나 깨나 근심 걱정을 하느라 없던 병도 생길 지경이다.

일부러 게으름을 피워 가난뱅이로 전락할 필요는 없지만 많은 것을 가지려고 욕심을 부릴 필요는 없다는 말을 하고 싶은 거다.

많은 것을 가지는 것보다 많은 것을 베풀고 살면 삶이 더 행복해진다. 그렇다고 제 앞가림도 못하는 가난뱅이로 전락하면 그것은 더 골치 아픈 문제가 생긴다.

돈은 많지만 많은 것을 못 가진 부자도 있고 돈은 많지 않아도 많은 것을 소유하는 부자는 얼마든지 있을 수 있다.

가난이 대문 앞에 그림자만 나타나도 사랑은 기겁을 하고 뒷담장 타고 도망가지 않을 정도만 되면 더 이상 모으는데 피곤해질 이유는 없다.

비교

○ 처녀가 아니면서 처녀의 몸과 비교하지 마라

선진국 사람들일수록 삶에 대한 불행지수가 높다고 한다. 이유는 단 하나 자신과 타인을 자꾸 비교하는 데 있다.

어떤 선진국도 인간의 욕망 조건을 완벽하게 채워 줄 수는 없다. 인간이 삶이란 완전히 평등해질 수도 없고, 또 평등해지지도 않는다. 또 어느 정도 평등해졌다고 쳐도 인간이란 본래 남의 밥그릇의 콩이 더 커 보이는 법이다.

말썽 없이 잘 달리는 멀쩡한 차를 갖고 있으면서도 옆집의 고급차와 비교하게 되면 그만 우울해진다. 처녀가 아니면서 처녀의 몸과 자꾸 비교하면 몸에 붙은 허연 살 때문에 그만 살고 싶어진다.

선진국 국민이라면 최소한 밟은 굶지 않을 수 있고, 두 발의 수고 없이도 먼 데 있는 목적지까지 편안히 앉아서 갈 수도 있다. 그럼에도 불구하고 선진국 국민들이 후진국 사람들보다 행복지수가 떨어지는 것은 타인과 자꾸 비교하기 때문이다.

타인과 비교하는 버릇이 심한 사람이 만약 당신의 아내이고 남편이라면 이혼을 고려해 보는 것도 크게 나쁘지 않다.

그런 사람이 배우자라면 당신은 절대로 행복해질 수 없기 때문이다.

제2부

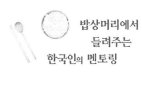

밥상머리에서
들려주는
한국인의 멘토링

박식과 현명

> 🍔 타인을 볼 줄 아는 것은 박식함이고, 자신을 볼 줄 아는 것은 현명함이다

짐승의 특징은 자기 밖의 것을 모르고 자신이 누군지도 모른다. 자신이 왜 있는 건지, 왜 사는 건지, 그냥 몸이 원하는 대로 먹고 배설하고, 위험을 느끼면 달아나며, 만만하다 싶으면 물거나 들이박는다.

인간은 크게 세 가지로 부류로 첫째는 짐승과 흡사하고 둘째는 자신은 알되 남을 모르며, 셋째는 타인도 알고 자신도 아는 것이다.

많은 사람들이 첫째에 해당한다고 볼 때는 참으로 슬픈 일이 아닐 수 없다.

타인을 제대로 알기 전에 자신을 잘 안다고 자만하는 것은 자신을 올바로 알지 못하는 데 있다. 타인을 모르고 자신을 어떻게 잘 안다고 말할 수 있는가? 타인을 먼저 알아봐야 자신을 온전히 아는 것이다.

타인을 볼 줄 아는 것은 박식함에서 오고, 자신을 볼 줄 아는 것은 현명함에서 온다.

요즘은 현명한 사람 발견하기가 점점 더 어려워져 가고 있다.

오늘과 내일

😊 아침에 뜨는 해도 분명 어제의 그 해다

제아무리 내일 뜨는 해가 새로운 태양이라고 우겨 봐야 그 해가 그 해다.

마찬가지로 어제의 내가 오늘의 나이고 오늘의 내가 또다시 내일의 나다. 어제 먹은 음식으로 오늘의 내가 만들어지고 오늘 먹는 음식이 내일의 나를 만드는 것이다.

어제의 예금통장으로 오늘의 내가 버티고 오늘의 저축으로 나의 내일이 보장되는 것이다.

기분에 들떠 어젯밤 나이트클럽에서 날려 버린 그 돈 때문에 오늘 당신의 삶이 꽈배기처럼 배배 꼬이는 것이다.

쾌락에 취해 한순간의 들뜬 기분으로 비워버린 빈 지갑이 일생을 불행에서 헤어나지 못하게 하는 계기가 될 수 있다.

절제하는 습관을 잃어버리지 말자.

연극

🍔 삶이 무대 위에 올려진 한 편의 연극이 아니면 무엇이란 말인가?

목표를 향해 내딛는 발걸음이 클수록 앞에 놓인 걸림돌이 클 것이며, 여러 사람들의 불평 또한 크다.
그것을 각오하고 시작해야 큰일을 흔들림 없이 감당해낼 수 있다.

기업인이 종교인이나 교육자처럼 도덕성을 우선한다면 애당초 사업을 시작하지 말았어야 한다. 반대로 종교인이나 교육자가 기업인처럼 돈을 밝히면 애초에 길을 잘못 든 것이다.

달리는 자동차는 바람의 저항을 안고 달린다. 속도가 빠를수록 바람의 저항은 더 거세다. 바람의 저항이 무서워 달리지 못하는 자동차가 있다면, 그것은 쇳덩이지 자동차가 아니다.

개인이나 집단 또는 국가가 앞으로 나아가는 데는 온갖 불평, 불만주의자들이 다 있다. 건강한 정신으로 반대를 하는 게 아니라 반대를 위한 반대만 일삼는 경우도 흔하다.

그럴 때마다 리더가 되는 사람이 용기 없이 멈칫거리거나 일희일비한다면 한 발짝도 앞으로 전진할 수가 없다.

연극 무대에서도 주인공 앞에는 반드시 방해자가 나타난다. 그럴 때마다 주인공이 방해자를 어떻게 대처하고 난관을 극복하는가를 보여 주는 것이 작품의 완성도와 직결되는 것이다.

인간의 삶이 무대 위에 올려진 한 편의 연극이 아니면 무엇이겠는가? 연극에 등장하는 주인공은 인간의 보편적인 진리와 정의를 지키기 위해, 어떤 때는 가장 잔인한 방법으로 방해자를 죽이기까지하고, 그 피를 무대 위에 뿌린다.

개인이나 집단이나 국가가 나아가는 목표 앞에 방해자의 행위는 용서가 되는 것도 있으나 그렇지 못한 것도 얼마든지 있다. 이런 것을 잘 분별하는 눈과 실천 의지를 가져야 비로소 지도자로서의 자격이 갖추어진 것이라 할 것이다. 상생이란 단어는 본디 선량한 사람들끼리의 일상생활에나 가능한 얘기다.

5천만 국민의 생명과 재산을 책임진 사람은 적과 동지를 확실하게 구분할 줄 알아야 한다. 온정주의에 빠져 적에게 자비를 베푸는 순간, 되레 적에게 잔인한 죽임을 당하고 만다면, 그건 어리석은 짓이다. 자신이 죽고 마는 거야 자기 잘못이므로 문제될 게 없지만, 같은 동지들이 모두 죽임을 당하게 되니까, 크게 문제가 되는 것이다.

악의의 방해자는 적이다. 적은 개인에게도 집단에게도 국가 조직 속에도 늘 존재한다. 그것을 지도자가 과감하게 도려내는 철학과 안목이 없으면 개인도 국가도 불행해진다.

세상은 무대고 인간의 삶은 무대 위에 올려진 한 편의 연극이다. 주인공이 부처님처럼 자비에만 빠지면 그것은 연극이 지난 극적 감동도 없고 그저 지루하고 고리타분할 뿐이다.

한 사람을 죽이면, 살인자다. 그러나 만 명의 생명을 희생시키더라도 자유에 대한 철학이 있으면, 그것은 영웅만이 할 수 있는 일이다.

절망의 끝

😀 불행은 잔인하지만 훌륭한 스승이다

초토화된 땅 위에도 어김없이 봄이 오고 새싹이 돋아난다. 원자 폭탄이 떨어진 히로시마에도 사람들이 살고, 꽃이 피며, 수없는 식물이 초록으로 물들어 바람에 흔들린다.

주변에 가장을 잃은 어린아이들을 보면 앞날을 어떻게 살아갈지 하는 생각에 충격과 절망의 순간을 맛보지 않을 수 없다.

그러나 세월이 한참 흘러 나중에 나타난 것을 보면 그들은 어느새 훌쩍 커서 과거의 슬픔을 벗어나 험한 세상을 뚜벅뚜벅 홀로 걷는 신기한 모습을 볼 수 있다.

어떻게 그 슬픔을 다 감당했느냐고 묻기라도 한다면 "먹고 사느라 발버둥 치다 보니 그렇게 되었노라."고 대답하는 것을 볼 수 있다.

인간의 삶 속에는 예기치 못한 불행이 뱀처럼 늘 똬리를 틀고 있다. 그러나 먹을 입이 있고 그것을 내보낼 기관이 있는 한 그 앞에 놓인 그 어떤 절망도 능히 극복할 수 있는 힘이 있는 것이다.

하늘이 무너져도 솟아날 구멍은 반드시 있는 것이다.

부자와 거지

🍔 우거지상을 하고 다니면 부자도 저절로 거지가 된다

큰 배는 웬만한 파도에도 끄떡하지 않지만, 돛단배는 작은 파도도 견뎌내지 못하고 곧잘 뒤집힌다.

그릇이 큰 사람은 웬만한 불행과 맞닥뜨려도 버텨내지만, 소인배는 아주 작은 불행에도 못 살겠다고 난리를 친다.

일을 추진하는 과정에서 미세한 부분을 꼼꼼하게 들여다보는 것은 작은 그릇이 아니다. 그릇이 작은 것은 이미 엎질러진 결과를 놓고 호들갑을 떠는 것을 말한다. 그릇이 큰 사람은 나타날 나쁜 결과를 미리 예측하고 그것을 꼼꼼하게 예방하고 설계하는 사람이다.

즉, 그릇이 큰 사람은 설계에 있어서는 꼼꼼한 반면 이미 엎질러진 결과에 대해선 관대한 사람이다. 반면 그릇이 작은 사람은 준비하고 설계하는 과정에선 대충 넘어가지만, 이미 나타난 결과에 대해서는 집착하고 화를 내는 사람이다.

어떤 일을 추진하는 데 있어서 온갖 지혜와 노력을 다 쏟아붓되 그 결과에 대해서 누구를 탓하거나 원망해서는 안 된다.

성공한 사람들은 대부분 남들이 들어서 불편한 말은 잘 않는 특징이 있다. 반면 실패를 거듭한 사람들은 대수롭지 않은 일을 갖고 남을 꾸짖거나 원망하며, 화를 내는 특징이 있다.

가난한 자도 얼마든지 부자가 될 기회가 있지만, 몸에 밴 나쁜 악습 때문에 부자가 될 기회를, 빈 깡통을 걷어차듯 발길로 걷어차 버리는 것이다.

생각이나 태도는 밑천 한 푼 안 들이고 스스로 개선해 나갈 수 있다는 점을 잊지 말자.

편견

🌐 편견의 울타리를 벗어나자

배움이라는 것은 장님이 눈을 뜨는 것과 같다. 현상이란 모든 사람 앞에 같은 모습으로 존재하지만 짐승의 눈에 보이는 것과 사람의 눈에 보이는 것은 다른 의미로 존재한다.

의미가 다르면 같은 장소에 있어도 삶이 다르다. 같은 교실에서도 목표가 분명히 서 있는 사람이 있고, 그저 남들이 학교에 가니까, 그냥 가방을 삐딱하게 메고, 막연하게 학교에 왔다 갔다 하는 사람도 있다.

목표를 향해 게으르지 않게 공부하면 남들이 보지 못하는 세계를 보는 눈을 뜰 수 있다. 태어나서 세상을 보는 것과 문자를 익히고 나서 세상을 보는 눈은 분명히 다르다. 한문을 몰랐을 때와 알고 난 뒤의 세상이 다르며, 영어를 몰랐을 때와 알고 난 뒤의 세상은 분명히 다르다.

마음이라는 것은 누구에게나 있지만 깨달음이라고 하는 각성은 배우고 지식을 쌓는 데서 오는 것이다.

사람의 마음이 또 다른 하나의 몸이라면 그 몸에다 각성이라는 눈을 달아 줘야 그 창을 통해 세상을 밝게 볼 수 있다. 마음의 몸뚱이에 각성의 눈을 달아 주지 않으면 눈을 못 가진 장님으로 지팡이를 짚고 평생을 답답하게 살아야 한다.

각성의 눈을 갖고 있으면 사물을 반듯하게 볼 것이요. 각성의 눈이 없고 원래 달고 나온 눈만 있으면 봐도 보지 못하는 눈뜬장님이 따로 없는 것이다.

편견이란 각성의 눈이 있고 없는 차이에서 탄생하는 것이다. 배움과 지식에 의해 각성의 눈을 얼마나 크게 뜰 수 있는가에 따라 편견이 많고 적은 결과가 된다.

편견은 자신만의 문제로 국한되지 않는다. 일례로 재판관이 편견을 가지고 잘못 재판을 하면, 다른 사람의 생명을 죽이는 살인자가 된다. 그만큼 편견이 무서운 이유다.

오해라는 것도 다 편견에서 나오는 산물이다. 좋은 관계로 만났다가 사소한 오해로 헤어지는 경우를 주변에서 너무 많이 본다. 오해도 편견의 울타리 안에서 탄생하는 것이다.

오해를 범하고 싶지 않다면, 스스로 관대해지려고 노력하라. 그것이 편견의 외투를 벗어 던지는 일이다.

자신이 옳다는 것을 절대로 믿지 말라. 틀릴 수 있는 것을 알고 늘 공부하고 연구하는 자세로 손자의 지나가는 말도 경청하자.

관조

😑 사건 사물을 심각하게 보지 말고 진지하게 보기

부모가 돌아가시고 사랑하는 아내와 자식을 잃었다 치자, 일구어 놓은 사업을 하루아침에 다 날렸다. 치자, 그래서 심각한 고민에 빠진다고 해서 제대로 된 해답을 찾을 수는 없는 일이다.

떠나버린 열차는 절대로 후진해 오지 않는다. 변심한 애인을 잊지 못한다고 해서 되돌아올 가망이 있는 건 아니다.
잃어버린 것은, 잃어버린 순간, 얼른 모두 잊어버리는 것만이 가장 현명한 방법이다. 마음먹기에 따라 세상은 이렇게도 보이고 저렇게도 보이는 법이다.

타고 있는 배가 가라앉는다고 해서 '이렇게 마지막이 되는구나'하고 한없는 비탄에 빠질 수도 있지만, 기독교인들이라면 요단강 건너가 주님을 만날 기쁨에 찬송가를 부르며 박수를 칠 것이다. 마지막 죽음을 맞이하는 것도 마음먹기에 따라 비탄도 되고 기쁨도 된다. 마음먹는 것에 따라 상황이 완전히 달라지는 것이다.

사물을 심각하게 바라보는 대신 진지하게 바라보자.

비전

🍔 과거의 기억은 자신을 가두는 감옥이다

지금 가난한 사람이 부자였던 시절의 과거를 떠올리며 흥청망청하거나 지금 부자인 사람이 과거의 가난한 시절을 못 잊고 계속 구두쇠 노릇을 하는 것은 치유할 수 없는 불행이다.

자신의 삶을 값지고 윤택하게 하려면 과거의 낡고 썩은 동아줄을 얼른 버릴 줄 알아야 한다. 과거란 뱀이 벗어 놓은 허물과 같다.

부모가 죽었을 때 3년 동안 무덤 곁을 지키라고 가르친 건 공자의 잘못된 편견이다.

유대인의 탈무드는 부모가 돌아가시면 3년 아니라 단 3일만을 슬퍼하라고 가르친다.

탈무드는 우리의 정신을 번쩍 차리게 만든다.

각성

😔 생각의 제련소를 거쳐야 각성이라는 보석을 얻는다

마음은 짐승에게도 있고 어린아이에게도 있으며 어른에게도 있다. 마음이란 살아 움직이는 모든 동물에게 다 있다.

짐승의 마음은, 마음에서만 머문다. 그러나 사람은 마음에서 생각의 단계로 뻗어나간다. 호수가 있으면 자연스럽게 물결이 이는 것처럼 마음의 바탕 위에서 생각의 물결이 일어나는 것이다.

짐승의 내면에는 호수는 있어도 물결이 없다. 사람의 내면에는 매 순간 일어나고 스러지는 물결이 있다. 짐승에게도 마음이 있고 호불호가 있기 때문에, 가고 싶은 곳이 있고, 멈추고 싶은 곳이 있다. 먹고 싶은 것도 있고 먹고 싶지 않은 것도 있을 것이다.

사람이 마음에만 갇혀 있으면 그게 곧 짐승의 태도다. 기분 나쁘고 마음에 안 든다 싶으면 험한 말을 하기도 하고 심하면 주먹질까지 하는 것이 마음의 짓이다. 생각이 있다면, 절대로 그 같은 짓은 안 한다.

마음에서 각성으로 가는 단계에는 생각이라는 제련소가 있다. 제련소를 거쳐야 번쩍번쩍 빛나는 보석을 얻을 수 있는 것처럼 각성이라는 보석도 생각의 제련소를 거쳐서 얻어지는 것이다.

이와 같이 마음을 한계로 멈추어 버린 사람이 있고, 생각에 갇혀버린 사람도 있으며, 번쩍번쩍 보석과 다름없는 각성을 소유한 사람도 있다.

바람이 부는 대로 물결이 이는 것처럼 생각은 얼마든지 틀릴 수 있다. 그러나 올바른 각성이야말로 참된 지성인 것이다.

설화

🍙 자신의 목을 베는 칼은 결국 자신의 허다

남을 겁주거나 엄포를 놓는 험한 말을 하는 사람을, 운전을 하는 도로나 길거리에서, 가끔 볼 수 있다. 이런 사람들은 보나 안 보나 집에서든 자신이 속한 사회에서든, 별 볼일도 없고, 아무 생각 없이 그냥 되는 대로 사는 사람들이 틀림없다.

말은 자신의 인격을 나타내는 것이기 때문에 말을 할 때는 자신의 전인격을 걸고 신중하게 말해야 한다. 그렇게 말을 한다고 해도 대부분의 사람들은 곧잘 오해를 하는 법이다.

말을 잘해도 상대가 오해하기 쉽다면, 말을 잘못하면 오해는 말할 것도 없고, 듣는 사람들로부터 분노를 사게 된다.

한번 처신을 잘못하고 나중에 변명하고 사과하느니 그냥 순간을 입 다물고 견디면 누구든 점잖은 사람 축에 낄 수 있다.

마음 내키는 대로 험한 말을 다 내뱉어 놓고 나중에 뒤끝이 없는 사람이라고 변명해 봐야 아무도 그 말을 신용해 주지 않는다.

농담 속에도 뼈가 있고 가시가 있다. 농담이라고 지껄이면서 실제로 남의 기분을 상하게 하는 경우가 너무나 많다. 진짜는 욕을 하고 있으면서 농담이라고 말하는 것은 아주 야비한 짓이다.

농담 속의 뼈와 가시는 듣는 사람의 마음을 계속 아프게 찔러서 예기치 못한 훗날 앙갚음이라는 청구서를 들이댈 가능성이 짙다.

농담은 유쾌하고 순수하게 해야지, 빤히 보이는 속뼈나 가시를 집어넣어 두면, 듣는 상대가 절대로 아무 일 없었던 것처럼 그냥 삼켜버리는 경우는 없다.

자신의 목을 베는 것은 그 누구도 아니고, 결국은 자신의 혀인 것이다.

토론

🍔 재미있는 곳은 노래방이나 나이트클럽이 아니고 사람이다

상대를 잘못 골라 가면 노래방도 나이트클럽도 재미있는 곳이 아니다. 번쩍번쩍한 불빛과 마이크가 없는 곳이라도 마음 맞는 사람끼리 밤새워 토론을 하면, 상내에게서 느껴지는 멋진 향기와 재미도 있다.

나이트클럽이나 노래방을 다녀온 다음 날은 축 늘어진 파김치가 되기 쉽다. 텅텅 비어버린 지갑과 한도를 초과한 카드가 좌절감만을 잔뜩 안겨줄 뿐이다.

밤을 새워 토론을 하고 나면, 단 하룻밤 새에 놀라보게 성장한 자신의 영혼을 발견하게 된다. 그리고 진정한 친구를 얻었음을 발견하게 된다.

쾌락은 허무와 절망만을 안겨 준다. 기분대로 나이트클럽을 한번 다녀오면 오랫동안 쌓아온 벽돌을 한순간에 허물어 버리는 결과와 마찬가지다.

토론을 통해 스스로가 성장할 수 있다는 것은 언어를 구사하는 기술과 평소에 옳다고 생각한 오류를 바로 잡아 깨치는 큰 장점들이 있다.

늙어 죽을 때까지 깨칠 수 없는 것을 하룻밤 토론에서 깨달을 수 있다면 그것보다 더 보람 있고 가치 있는 일은 없다.

스트레스를 풀기 위해, 경우에 따라, 노래방까지는 몰라도 나이트 클럽이라는 곳은 건강한 정신을 가진 어른이라면, 쉽게 잘 안 가는 곳이라는 것을 청소년들은 반드시 알아둘 필요가 있다.

미소

😊 좋은 일이 일어나기를 바란다면 미소를 잃지 마라

교실에서의 천재와 세상 천재는 분명 다르다. 교실 안의 천재는 절대로 지고 싶어 하지 않지만, 세상 천재는 슬쩍 눈감고 져준다. 교실 천재는 지는 것이 이기는 것인 줄 모르나 세상 천재는 지는 것이 이기는 것인 줄 안다.

억울하면 성질을 내는 것은 교실의 천재가 잘하지만 억울한 것을 참고 부드럽고, 온화한 웃음을 지을 줄 아는 게 세상 천재다.

교실의 천재는 타고난 부지런함과 꾸준함으로 가능하다. 세상 천재는 끓어오르는 자기감정을 잘 참고 견디면 누구나 가능하다.

최후의 승자는 주먹을 불끈 쥐고 호랑이라도 때려잡을 듯이 노려보는 자가 아니라 호수에 이는 잔잔한 물결처럼 온화하고 부드러운 성정으로 미소를 짓는 사람이다.

기분

🍔 기분에 따라 주변 환경이 달라진다

한순간의 기분이나 감정에 의해 주변 분위기나 환경이 180도로 확 달라지는 경우를 종종 볼 수 있다.

기분이 좋으면 상대방의 웬만한 허물이나 실수도 용서가 된다. 기분이 나쁘면 대수롭지 않은 일에도 까탈을 부리고 또 오해도 곧잘 한다.

우울한 기분으로 운전대를 잡으면 중간에 99퍼센트 안 좋은 일이 생긴다. 명랑한 기분으로 허밍을 날리며 핸들을 잡으면 중간에 누가 다소 실수를 하고 나와도 웬간한 정도면 그냥 너그럽게 보아 넘기게 된다.

기분을 좋게 가지면 늘 나에게 좋은 일이 생기고 기분을 까칠하고 강퍅하게 가지면 늘 안 좋은 일만 생긴다. 좋은 일이 있으면 그만큼 웃을 수 있는 여유가 생기고 또 남의 잘못을 쉽게 용서할 수 있다.

기분 좋게 살아야 그것을 씨앗으로 좋은 꽃도 피고, 좋은 열매도 얻는다.

궤변

🍙 귀는 커도 작아도 문제다

언어는 인간의 기의 결정이다. 말을 할 때는 먼저 기를 모은다는 사실을 아는 사람이 많지 않다.

미친 사람의 기는 산만하기 때문에 말에 두서가 없다. 기가 산만하면 말이 오락가락하는 법이다.

기가 모이는 곳은 뇌다. 말을 많이 하면 기가 쇠하기 때문에 말을 많이 하고 난 다음엔 누가 시키지 않아도 머리를 식히며 다시 기를 충전한다.

말에는 발아의 기가 있으므로 말에 씨가 있는 법이다. 말하는 사람에 따라서 씨만 들어 있는 것이 아니라 가시가 들어 있으면 진짜로 곤란하다.

완전히 미친 사람은 한눈에 봐도 구분이 간다. 문제는 적당히 미친 사람이다. 적당히 미친 사람을 구분하기란 쉽지 않다.

적당히 미친 사람의 말은 교묘하기까지 해서 듣는 사람의 지적 수준에 따라 한 방에 훅 가는 사람도 있다. 그게 미친 소린지 기가 막힌 소린지 잘 판단이 안 서기 때문이다.

그래서 귀는 너무 커도 문제고 너무 작아도 문제다.

너무 크면 줏대 없이 쓸데없는 말까지 다 들어서 함께 나대고, 너무 작으면 유익하고 쓸 만한 말도 잘 알아듣지 못하는 문제가 있다.

미친 2%

⊜ 똑똑한 98%의 인간들 속에 미친 2%의 사람이 섞여 있다

미친 사람이라고 해서 아주 미친 사람 말고, 정상적인 사람도 같은
데, 미친 헛소리도 가끔 해서 어딘가 모르게 좀 엉뚱한 사람을 일
컬어 편의상 그냥 미친 2%의 사람이라고 하자.

이런 2%의 미친 사람들은 절대로 화내는 법이 없다. 사람들이 손
가락질하고 고문관이라고 놀려도 그러거나 말거나 아랑곳하지 않
는다.
이런 미친 2%의 사람들의 특징은 보통 사람들이 믿고 있는 전통
적인 가치를 눈 깜짝 않고 전복해 버리는 특징이 있다.

98%의 사람들은 기성세대의 가르침에 잘 길이 들어 전통적 가치
를 따르지만 2%의 미친 사람들은 전통을 비웃는지 조롱하는지 존
중하는지 받드는지 도무지 알 수 없는 행동을 하는 사람들이다.

자동차가 기존의 석유로 여태까지 잘 굴러간다는 것을 인정하지
않는 사람들이 미친 2%의 사람들이다. 물로도 잘 갈 수 있다고 믿
는 사람들이 바로 이 미친 2%의 사람들이다.

98%의 사람들은, 쇳덩이가 물에 가라앉는 물질이라는 것을 기성 세대로부터 배워서 상식적으로 알고, 또 쇳덩이가 하늘을 날 수 없다는 것도 모두 상식적으로 잘 안다.

그러나 2% 미친 사람들은 엉뚱하게도 쇳덩이가 물에 뜰 수 있는지, 또는 하늘을 날 수 있는지 미친 짓을 잠깐도 아니고 계속해온 사람들이다.

인류 문명은 결국 이 2%의 미친 사람들에 의해 발전해 온 것이고, 앞으로도 여전히 그럴 것이다.

전문가

😑 큰 뜻을 꺾는 것은 언제나 낮잠 같은 사소한 것들이다

작은 콩알만 한 총알 하나가 미쳐 날뛰는 멧돼지를, 일순간 조용히 잠재운다. 깨알 같은 작은 벌레가 아름드리의 나무를 병들게 하고 쓰러뜨리는 것이다.

큰 목표를 꺾는 것은 만리장성 같은 큰 성곽이 아니다. 대부분 낮잠 같은 아주 사소한 것들이다.

발걸음을 멈추게 하는 것은 눈앞에 버틴 태산이나 커다란 성곽이 아니고, 신발 속에 든 가시나 작은 돌멩이에 지나지 않는다.

꿈과 목표를 좌절시키는 것는 대부분 극복 못 할 큰 난관 때문이 아니라 어처구니없게도 안 해도 좋을 순간의 쾌락이다.

책상 앞에 앉아 열심히 공부하는 학생에게 불청객으로 슬며시 다가와 귓속말로 조금만 게임을 더 즐기라고, 잠시 잠을 자고 일어나도 아무 문제가 안 생긴다고 살살 꼬시는 것이다.

그런 유혹에 쉽게 넘어가면 꿈도 목표도 물거품처럼 보기 좋게 다날아간다. 성적이 별로 좋지 않은 학생들은 대부분 귀가 얇아 그 꼬임에 잘 넘어간다.
성적이 좋은 학생들은 그때마다 '미친 소리 작작 하라고!', '지금 공부하지 않으면 안 돼!' 하고 단호하게 거부한 사람들이다.

달콤한 유혹을 못 이기고, 나중에 대학 입시 때 두 주먹으로 가슴을 쾅쾅 쳐봐야 가슴만 멍드는 게 아니라 두 주먹도 아프다.

밥상머리에서 들려주는 한국인의 멘토링

학교를 졸업하고 일해야 할 시기에 늦게 공부를 하면 안 하는 것보다야 낫겠지만, 학생 때에 비하면 기회를 7, 80% 이상은 까먹고 들어간다고 하는 게 맞다.

청소년 시기는 유독 유혹에 약한 시기다. 에너지가 끓어 넘쳐 충동적일 수밖에 없다. 특히 이성에 대한 호기심이 어마어마하다. 그런 면에서는 여학생들보다는 남학생들이 유혹을 더 못 참는 경우가 많다.
그 결과 시간이 갈수록 남성보다 여성이 각종 국가고시에 합격하는 비율이 높아지는 것도 너무나 당연하다.

중, 고등학교 시절이라고 해 봐야 주어진 시간이 고작 6년이다. 물론 6년이 길다면 긴 세월이지만, 평생에 비한다면, 결코 길다고 할 수 없는 세월이다.

평생을 먹고살 길이 저기 있는데, 6년을 버티지 못하고 불청객의 유혹에 넘어간다면 대장부가 아니다. 대장부이길 포기하고, 앞으로 펼쳐질 삶에서 친구에게 돈이나 꾸러 다니는, 그런 구차한 삶을 살고 싶으면 중, 고등학교 시절 6년 동안, 불청객을 가까이하고 해찰을 부리면 거지같은 인생 되는 건 눈 깜짝 사이다.

전문가란 특별한 재주를 가진 사람들이 아니다. 중고등학교를 잘

거치고 넘겨야 무난히 대학을 갈 수 있고, 대학을 거치고 나면 어느 순간, 티비 같은 데라도 나가서, 전문가라는 명함을 들고 떠들 수 있는 것이다. .

본질

🍔 같은 물질도 상황에 따라 다르게 작용한다

일에 쫓겨 독창성이 잘 발휘되지 않는다 싶을 때는 조급하게 서둘지 말고 휴식 시간을 충분히 갖는 것도 좋다.

천재가 실수할 때는 지나치게 집착할 때다. 일이 잘 안 풀린다 싶을 때는 시간이 아깝다 생각 말고 전문 서적을 손에서 탁, 내려놓고 머리를 텅 비우고 과열을 식히는 것이 좋다.

머리를 텅 비우고 나면, 객관화 시점의 여유가 생겨서 다른 각도로 문제를 새롭게 바라보게 된다. 각도를 달리해서 보았을 뿐인데 여태 풀지 못하고 고민에 빠져 있던 일들이 의외로 손쉽게 술술 풀리는 수가 있다.

같은 성질을 가져도 잘 이용할 줄만 알면 물질도 다른 작용을 하는 수가 얼마든지 있는 것이다. 단순한 것도 복잡하게 생각하고 덤비면 점점 더 복잡해지는 수가 더러 있다. 어렵고 복잡할수록 단순화시켜서 바라보는 시각도 가져야 한다고 말하고 싶은 것이다.

전문가라는 사람들이 늘 어렵게 현학적으로 말하길 좋아해서 그렇지, 본질이란 늘 단순한 법이다.

물질과 환경

🙂 물질과 환경을 잘 이용하고 활용하라

고통 속에 빠져 있는 사람이라면 혼자 조용히 있는 시간은 절대 금물이다. 별 볼 일 없는 사람을 만나서라도 말 같지 않은 농담이라도 하는 게 혼자 처박혀 있는 것보다는 낫다.

약간의 교통비만 들이면 얼마든지 바쁘게 쏘다니는 데는 아무런 지장이 없다. 어딜 가나 남자가 반이고 여자가 반이다. 치이는 게 사람이고 넘치는 게 사람이다.

본래 친구란 없다. 본래 연인도 없다. 만들면 친구고 연인이다. 교통비를 아끼고 싶으면, 발에 죽도록 차여야 좋다는 축구공 하나만 들고 근처 공원이나 학교 운동장에라도 나가라.
같이 공을 차고 싶어 다리가 근질거리는 사람들이 거기에 다 모여 있을 것이다.
그렇게 뛰다 보면 정신이 맑아지고 조금 전까지 고통스럽던 좌절이 희망의 불빛으로 변해 있다는 것을 느끼게 될 것이다.

한가함이란 스스로의 잠재력과 창의성을 발휘할 수도 있지만 거꾸로 그 한가함이 사람의 정신을 황폐하게 만드는 경우도 적지 않다. 양면성이 있다는 말이다.

한가한 시간이 어떤 이에게는 약이 되나 어떤 이에게는 고립감만 더해 주는 독이 될 수 있다. 물질이 같아도 상황에 잘 맞춰 사용할 줄 알면 정반대의 효과를 기대할 수 있다.

주어진 물질이나 환경을 어떻게 슬기롭고 유익하게 쓰느냐는 각자의 몫이다.

하늘과 하나님

🍔 속는 줄 알고 속으면 조금은 덜 억울하다

하늘의 문을 열고 마음대로 하늘 천국을 갈 수 있게 한다고 거짓말 하는 사람이 있는 곳엔 절대로 발을 들여놓지 마라.

하늘 문을 제집 대문처럼 활짝 열어젖힐 수 있고, 또 하늘의 안방에 도달할 수 있는 특별한 방법이 자기 손아귀에 쥐어져 있다고 건방을 떨면 그 인간은 틀림없는 사기꾼이다.

성경을 보되 하늘의 뜻을 제대로 알면, 하늘에 무엇이 있다는 말인가? 우편에 앉았던 좌편에 앉았던 그런 건 다 상징성이고 하나의 방편에 불과하다. 거짓말이라고 해서 다 나쁜 것은 아니다. 나도 좋고 너도 좋은 거짓말이라면 해서는 나쁠 게 정말로 없다. 하늘에 하나님이 있어서 나쁠 것은 진짜로 없는 것이다.

생각하기에 따라서는 하늘에서 들리는 음성도 결국은 자기 내면의 소리다. 하느님은 하늘에도 있을 수 있고, 사람에 따라서는 스스로의 마음속에 들어와 있을 수도 있다.

요즘은 하나님이 없는 교회가 많다. 하나님이 없는 교회를 하나님이 있는 사람들이 찾아가는 이상한 일이 벌어지고 있는 것이다.

주기도문과 사도신경에 갇혀만 있으면, 고여있는 물처럼 상하기 쉽다. 그래서 교회들은 기도만 하는 곳이 아니라 친목, 교육, 봉사 기능과 같은 역할을 자임하고 나서는 것은 좋은 일이다.

거리의 미학

😊 일정한 거리를 두고 바라보아야 꽃도 아름답다

일정한 거리를 두고 바라보면 가까이서 안 보이던 것이 잘 보인다. 자꾸만 가까이 다가가서 더 보려고 애쓰지 마라.

꽃도 가까이 다가가면 잘 보이지 않고 공연히 다치게만 할 수 있다.

어려울수록 바짝 달라붙어 해결하려 들지 마라. 일이 더 꼬이기 쉽다. 장미꽃을 닮은 연인도 늘 붙어 있으면 자칫 지겨워지고 가시에 찔리게 된다.

돈이란 것도 적당한 거리를 두고 과욕을 품지 말아야 붙는다. 너무 가까이서 흥청망청하면 지겨워서 다 달아난다.

아름다운 것들은 가까이 있으면 잘 보이지 않고, 귀한 줄도 모른다. 멀지도 가깝지도 않은 거리를 두고 바라보면, 안 보이던, 아름답고 귀한 것이 확 눈에 들어온다.

있을 때 잘못하고, 없을 때 잘하고 싶은, 얄궂고 모순된 인간의 마음의 속성을 바로 보자.

무지개는 멀리서 볼 때만 아름답다. 가까이 다가가면 어디에 있는지조차 흔적도 없는 게 무지개다.

고정관념

😊 좋은 경험이 나쁜 것일 수도 있다

경험은 인생의 스승이다. 그러나 자신의 경험만 옳다고 고집하는 것은 또 좋지 않다. 자신과 상반되는 경험을 가진 사람도 얼마든지 있을 수 있고, 또 옳을 수 있기 때문이다.

한번 뜨거운 난로 뚜껑에 주둥이를 갖다 대본 강아지는 차가운 난로 뚜껑 근처에조차도 얼씬 않는다.

어릴 때 수박을 한번 잘못 먹고 배탈을 앓아본 사람은 평생 수박 근처에도 가고 싶지 않다.

경험에는 얼마든지 오류가 있을 수 있다. 경험자의 관점에 따라 좋은 것을 나쁜 것으로, 나쁜 것을 좋은 것으로 인식될 수 있기 때문이다. 고정관념이란 이렇게 만들어지는 것이다.

고정관념을 갖지 않으려면 나이가 많이 든 사람일수록 경험이 적은 젊은이나 어린아이의 눈으로 사물을 바라보면 된다.

젊은이가 나이 든 사람의 경험을 무시하고 스스로의 관점에서 보게 되면 그것 역시도 고정관념이다.

나이 든 사람이든 젊은 사람이든 듣는 영혼의 귀는 열고 입은 다물면 고정관념의 함정에 빠지지 않을 수 있다.

예단

🍔 오판의 알을 낳게 하는 씨암탉

남을 판단하는 직에 종사하는 사람은 예단이 금물이다. 열 길 물속은 알아도 한 길도 못 되는 사람의 마음속을 들여다보기는 정말로 어려운 게 아니라 애초에 불가능하다.

그럼에도 불구하고 누군가는 꼭 인간을 판단해야 하는 악역을 맡아야 한다면, 어쩔 수 없이, 누군가는 그 일을 해야만 한다. 그러나 제발 예단만은 말아야 하는 것이다.

조사를 한다고 해도 판단하기 어려운 게 사람의 마음이다. 그럼에도 불구하고 조사도 제대로 안 해보고 다 안다는 듯이 굴면, 그 사람은 진짜로 많은 죄를 짓는 자다.

책상 위에 쌓이는 사건을 빨리 처리해야 하는 성과주의하고 예단을 당하는 사람의 인생하고는 질량과 무게가 하늘과 땅 차이다. 책상 위에 쌓이는 사건의 무게가 1킬로그램이라면 예단으로 인한 오판의 무게는 지구의 무게만큼 큰 것이다.

지금 옥에 갇혀 있는 사람들 중에 다른 사람의 성과주의 때문에 인생을 망친 사람들이 얼마든지 있을 수 있다는 슬픈 얘기다.

성과주의에 충실하지 못한 사람은 유능한 사람이 아니라는 관점. 유능한 사람은 성과를 내야 남보다 빨리 좋은 의자를 차지할 수 있다는 관점.

그러한 관점 사이를 비집고 예단의 독버섯이 발효하는 것이다.

가능, 불가능

☺ 다른 사람이 안 되는 일, 내가 해서 안 된다는 법은 없다

가만히 앉아서 다른 사람의 말만 듣고 판단해 버리는 우를 범하지 말라. 다른 사람이 안 됐던 것도 내가 하면 되는 수가 많지는 않으나 더러는 있다. 반면 내가 해서 안 됐던 것도 남이 하면 되는 수가 왕왕 있을 수 있는 것이다.

발명이란 것도 결국 여태 남이 해 봐서 잘 안됐던 것들을 누군가가 무엇을 해내는 것이다.

오늘날 발명가들이란, 현재는 무명으로 무덤 속에 들어가 누워 있는 사람들이, 평생 골머리를 앓아도 안 됐던 것들을 요리조리 뜯어 보면서 밤잠을 설치는 그런 사람들이다.

지금은 죽어도 안 됐던 것도 나중 사람들이 또 죽으라고 매달려서 발명가라는 이름을 얻게 되는 것이다.

가족

🍚 자신의 손에 들린 마대가 타인의 손아귀에 있는 보석보다 낫다

가족의 희생을 강요하고 자녀에게 매정하게 체벌까지 하면서 밖에 나가 타인에게 상냥하고 점잖게 구는 것만큼 불성실하고 위선적인 것은 없다.

자신의 손에 든 귀한 것을 보지 못하고 남의 것만 뚫어져라 탐욕스럽게 바라보는 것은 최상급의 팔불출이다.

부족해도 내 편은 가족이다. 지금의 아내도 남의 아내가 되어 있으면 당신 눈에 충분히 예쁜 법이다. 자식도 내 자식이 최고라는 건 고슴도치도 안다.

당신의 눈에 하찮게 보이던 가족이 다 없어지고 나면 당신의 눈에 모래가 든 것처럼 눈물이 마를 날 없게 된다.

과거는 바꿀 수 없어도
미래는 얼마든지 바꿀 수 있다

🍔 과거에 갇혀 있지 말고 미래를 바꾸는 데 전력을 다하자

대부분의 사람들은 과거에 경험했던 트라우마를 쉽게 벗어나지 못한다. 그러나 이미 강물은 흘러 바다로 가버렸고 그 사람은 여전히 강둑에 머물러 있다.

제대로 생각을 하는 사람이라면 앞으로 강둑에 무슨 새로운 사건이 벌어질지 그것을 궁리하고 매달려야 한다.

독사란 놈이 새로운 환경에 적응해 더 흉측한 모습으로 나타날지 모른다는 엉뚱하고 비현실적인 생각이라도 하는 게 과거에 집착해 있는 것보다는 천만 배쯤 더 낫다.

과거의 나는, 내가 주인이 아니다. 뱀이 벗어 놓은 허물을 자기 것이라고 하면 그게 보통 웃기는 얘기가 아니다.

지난날 사진 속의 내 모습은 내가 아니다. 뱀이 벗어 놓은 허물과 같다.

진정한 나는 새 동영상에 담을 미래의 내 모습이다.

똥 만드는 박사

🍔 박사가 아는 만큼 시골 농부는 더 잘 안다

박사가 잘하는 것은 논문 하나만 정리해서 잘 쓸 뿐 사실 농사는 농부가 박사다.

박사는 사변적으로 말만 무성한 데 반해 농부는 묵묵히 곡식을 만들어 내는 구체적 존재다.

우리가 분명히 기억해야 할 것은 농부가 쌀을 만들고 박사는 농부가 만든 쌀을 먹고 똥을 만든다.

아무짝에도 쓸모없는 똥을, 쓸모 있는 거름으로 만드는 것도 결국은 농부다.

미인계

🍔 꽃무늬로 단장을 해도 꽃뱀은 결국 징그러운 뱀이다

아름다움 뒤에 감춰져 있는 것은 반드시 독이다. 장미에 가시가 있고 알코올 속에 타락이 들어 있는 것도 마찬가지다.

아름다운 것은 무엇을 유혹하기 위한 것이다. 제아무리 화려하게 단장을 해도 결국 꽃뱀은 징그러운 뱀이다.

현란한 수사일수록 진실의 알맹이가 덜하고, 소박한 한마디 말이 더 설득력을 갖는 경우가 많다.

큰길을 가는 장도에는 천적이 설치해 놓은 덫이라는 게 늘 있다.

미인에게 정신을 잃으면, 어처구니없게도 미인계의 덫에 걸린다.

아름답고 화려함 뒤에 무엇이 감추어져 있는지 잘 살펴보는 지혜를 갖도록 하자.

항해

🍚 인생의 목표는 끊임없는 항해에 있다

껍질 속이 편하다고 해서 그대로 머물면 병아리가 태어나지 않는다. 태평양 바다가 무섭다고 연어가 강기슭에 그대로 머물면 연어는 처음부터 존재하지 않는다.

사람도 머문 자리가 아무리 행복하고 좋아도 그대로 머무르지 않는 법이다. 멀쩡한 집 놔두고 고생길인 줄 알면서 여행이라는 구실로 멀리 떠나는 것도 그 같은 이유다.

인간의 목표는 행복한 자리에 머무는 것이 아니라 거친 바다 한가운데를 향해 끊임없이 뻗어 나가는 항해에 있다.

먹을 것이 풍부한 울창한 숲이 아니다. 자유를 향한 새의 비상인 것이다.

미친 사람

🍔 미친 상상이 발명을 낳는다

태양이 사라지면 지구는 얼음덩어리가 된다. 얼음덩어리가 되고 싶지 않기 때문에 인간은 마지막 희망으로 인공태양에 도전할는지도 모른다.

대부분의 사람들은 자신이 살아있는 동안 태양이 사라질 일은 절대로 없다는 믿음을 갖고 있다.
그러나 지금 이 순간에도 인공태양에 주목하는 엉뚱한 사람들이 없으라는 법은 없다.

미국을 여행하다 보면 그 넓은 평지에 덩그러니 건물 하나만 세워져 있고 도무지 사람이라곤 그림자조차 안 보이는 곳에 건물 앞을 지키는 경비원만이 덩그러니 자동 소총을 들고 서 있는 모습을 볼 수 있다.

무엇을 연구하는 연구소인지 관광 가이드도 잘 알지 못하므로 그만 말문을 닫는다.

특히 미국인들 가운데는 미친 사람들이 참 많다. 어둠을 쫓는 전등 불을 발견한 사람도 과거에는 미친 사람이 분명했다.

신

⊜ 신이 사람이고, 사람이 신이다

행복과 불행은 모두 사람에게서 온다. 사람이 복을 주고 사람이 재앙을 안긴다. 좋은 사람을 만난다는 건 좋은 신을 만나는 것이고, 나쁜 사람을 만난다는 건 악마를 만나는 것이다.

죽자고 부처님이나 하나님에게 빌어봐야 복을 주고 빼앗는 건 결국 사람이다.

어리석은 사람에게 그래도 실낱같은 희망은 부처님과 하나님이 도맡아 주기는 한다. 실낱같은 희망만이라도 주는 것은 안 주는 것보다 대단한 것이다.

부처님이나 하나님에게 정성을 다해 백날 빌면서 이웃과 사람을 깔보면 평생을 가도 거지 신세 면하기는 어렵다.

이웃을 그저 신이다 생각하고 받들면 일이 저절로 잘 풀린다는 걸 모르는 사람들이 많아서 언제나 문제가 된다.

성경 구절에도 "이웃을 네 몸 같이 사랑하라"라는 말이 있다.

신과 인간, 인간과 신

😊 신을 믿는 것이 인간을 믿는 것이고 인간을 믿는 것이 신을 믿는 것이다

잠깐 속일 수는 있어도 영원히 속일 수 없는 게 인간사다. 속이려 들지만 않으면 이웃과 사람들로부터 분명히 신용을 얻게 된다.

부처님이나 하나님을 속이지 않으면, 부처님이나 하나님도 감동해서 복을 주되 반드시 사람을 통해서만 준다.

신이 있다고 믿는 사람도, 없다고 믿는 사람도, 축복은 사람 손에 들려져 있다는 사실만은 분명히 알아둘 필요가 있다.

신도 감동해서 복을 줄 때는 반드시 사람을 통해서 사람 손으로만 준다.

피

⊜ 가장 행복한 인간도 한 번은 죽고, 가장 불행한 인간도 두 번 죽지 않는다

죽음에 대한 두려움은 모든 생명이 본능적으로 갖고 있다. 그러나 정작 죽음이란 그다지 고통스럽지 않다. 죽은 사람의 표정을 보면 하나같이 평온한 얼굴이 그 증거다.

꼭 죽어 봐야만 아는 것은 아니다. 안 죽어 보고도 아는 사람이 있고 죽어 보고도 전혀 무슨 일이 일어났는지 모르는 사람도 얼마든지 있을 수 있다.

밥상머리에서 들려주는 한국인의 멘토링

싱싱하고 건강할수록 피부가 다치면 고통이 크다. 몸이 시들시들하고 죽을 때가 되면 고목처럼 피부의 감각도 둔해진다.

늙고 병들어 쓰러질 때가 되면 굶주린 천적이 뒤쫓아 와 살에다 이빨을 박아도 감각이 없다. 두 눈으로 물끄러미 바라볼 때, 이놈이 내 몸을 먹어 치우는구나, 하고 희미하게나마 느끼는 것이다.

모든 고통은 피에 있다. 피가 잘 안 통하면 예민했던 피부도 굳은 고무처럼 감각이 없다. 피가 끓어야 욕망도 생기고 죄도 짓게 된다.

좀 오래된 가수지만, 그 여가수는 "총 맞은 것처럼…" 하고 실연의 아픔을 노래했다. 총을 안 맞아 봤으니 여가수는 그렇게밖에 노래를 부를 수 없을 것이다.
그러나 총알을 맞으면 총알 지나간 느낌은 들지 몰라도 금세 고통은 못 느낀다. 피가 돌아올 시간이 걸리기 때문이다. 피가 돌아와야 비로소 고통을 느끼게 된다.

"총 맞은 것처럼"은 얼른 들으면 맞는 말 같은데 틀렸다. 칼을 맞아야 진짜로 고통스러운 것이다.

밥 퍼주는 사람

🍚 사흘을 굶으면 오관의 작용을 멈춘다

배가 불러야 아름다운 노랫소리도 귀에 들린다. 천사의 노랫소리도 사흘을 굶은 사람에게는 악마의 울부짖음에 불과하다. 그렇게 보면 세상사란 것도 다 뱃속 사정이다. 금강산 구경도 식후경이란 말도 그래서 생긴 것이다.

사흘을 굶고 본디 현명했던 모습을 그대로 간직한다면 그것은 위장을 못 가진 사람이라고 보면 틀림없다.

무전취식을 이유로 식당 주인이 고소를 하고 나왔다면 매우 야속한 일이다. 식당 주인이 손님이 없어 배고프다면 그런 식당에 뭐하러 들어가 무전취식을 하는가? 하긴 사흘을 굶어서 제정신이 아니었다면 더 이상 할 말은 없다.

강단에 서서 귀한 말씀이라고 백번 떠드는 것보다 굶주린 사람에게 백번 아니라 단 한 번만이라도 공짜로 밥 퍼주는 사람이 백번 축복받을 일이다.
그런 면에서 최 무슨 목사는 훌륭한 사람이다.

굶주림을 참다 대문을 두드리는 사람이 있다면, 절대로 그냥 내치
지 마라.

트라우마

> 😬 모진 말 하는 사람은 금세 잊어버리지만, 듣는 귀는 영원히 기
> 억했다가 반드시 앙갚음을 해 온다

말은 화를 부르는 문이다. 무언가 소리를 내고 싶으면 차라리 노
래방이라도 가라. 노래방에서 돼지 멱따는 소릴 질러 봐야 모두 다
그러려니 한다.

노래방도 싫다면 낯간지럽고 거짓말이라도 좋으니 듣기 좋은 말만
골라서 한번 해 보라. 아첨인 줄 알면서도 좋아하는 게 인간이다.

멧돼지처럼 억세고 볼품없어도 그저 멋있고 예쁘다고만 말해 보
라. 칭찬에는 고래도 춤춘다. 고래보다 못한 인간이 어디 있겠는가.

특히 성장하는 청소년들에게 모욕적인 말을 하는 것은 나중에 사회에 큰 해악을 끼친다.

모욕당한 청소년은 분노를 경험하게 되고 그런 경험은 제아무리 잘 교육해 봐야 안 먹힌다.

좋은 말, 격려의 말과 칭찬만 듣고 자란 아이가 다른 사람을 격려하고 사랑할 줄 알게 된다.

상처가 되는 모욕적인 말을 듣고 자라면 트라우마로 인해, 증오심과 공격성으로 가득 차 가는 곳마다 주변을 어지럽히고 슬프게 한다.

부자 친구, 가난한 친구

😁 가난한 사람에게는 친구가 있을 수 있으나 부자에게 진짜 친구는 없다

인간의 심리는 자신보다 약한 자에게는 관대하고 강자에게는 너

그럽지 못한 면이 있다.

가난한 자는 실수를 해도 못 본 척해 주지만 부자는 사소한 실수를 해도 물려고 달려드는 사람이 많다.

가난한 자는 돈은 없지만 그 대신 자유를 가지는 반면 부자는 돈은 있지만 행동에 많은 제약을 받는다.

부자가 가난한 사람들처럼 자유롭게 살고 싶으면 부자를 포기하면 되고 가난한 자가 부자가 되고 싶으면 자유를 포기하면 된다.

가난한 자가 늘 하는 말 "돈이 없지, 가오(form)가 없나?"

듣기에 따라 시비질이다. 그러나 부자는 입이 있어도 그런 말은 죽어도 안 하고 또 그런 말은 아예 못 들은 척할 뿐 아무런 대꾸도 안 한다.

고속도로

😀 같은 사람인데도 때로는 귀인, 때로는 악인이 된다

귀인을 만나면 복이 호박 넝쿨처럼 굴러들어 오고, 사람을 잘못 만나면 근심이 포도송이처럼 새까맣게 달린다.

남편이나 아내를 잘 만나면 인생이 귀해지고, 잘못 만나면 신분이 천해진다.

내가 귀인이면 찾아오는 사람도 모두 귀인이고, 사악한 마음을 품고 있으면 귀인이 무슨 볼일이 있다고 나를 찾을 것인가.

바둑에서 이기는 사람은 한 수를 더 멀리 본다. 지는 사람은 참을성 없이 눈앞에 잡아먹을 것만 보인다.

부자라고 양심을 팔지 말고 못 산다고 양심을 팔아서도 안 된다. 겉으로 안 드러나는 것 같아도 귀신같이 알아보는 게 속에 든 양심이다.

양심은 귀인이 지나다니는 고속도로다.

밥상머리에서 들려주는 한국인의 멘토링

위대한 의사는 시간이다

위선자에겐 시간은 악마고, 정직한 사람에겐 시간은 천사다

아리송하고 모호한 것도 시간이 흐르고 나면 달빛처럼 환하다.

섣불리 낙담하거나 무엇을 판단하려고 들지 말자. 시간이 지나면 모호한 것들도 분명한 답을 갖고 나타난다.

그릇이 작은 사람일수록 당장 무엇을 해결하려고 웃통을 벗고 설친다. 큰 그릇을 가진 사람은 시간이 저절로 해결해 줄 때까지 온화한 미소를 잃지 않고 기다릴 줄 안다

옳은 것은 내 입장에서만 옳은 것이지, 상대가 옳지 않다고 생각하는데 자꾸만 떠들어 봐야 감정만 더 상한다.

시간이 지나면, 제아무리 그릇이 작은 사람도 스스로 깨닫게 된다. 그때까지 기다리지 못하고 서두른다면 일을 더 꼬이게 한다.

시간이 모든 것을 설명하고 모든 사람을 설득하는 놀라운 능력을 가지고 있다는 사실을 알자.

위대한 의사는 시간이다.

자기최면

죽겠다, 죽겠다 하면 진짜 죽게 되고, 살맛 난다, 살맛 난다를 입버릇처럼 반복하면 저절로 그렇게 된다. 말이 씨가 되는 까닭이다.

이것을 자기 최면술이라고 하는데, 자기 최면술은 자신이 주인인 까닭에 자신만이 최면을 걸 수 있다. 단호히 말하건대, 주인이 마음먹은 대로 되지 않는 것은 이 세상에 없다.

도둑질이나 강도질도 주인이 마음먹은 대로 다 된다는 것은 도둑질이나 강도질을 안 해본 사람도 다 안다.

너는 귀신같이 잘하는데 나는 뭐든지 잘 안된다고 하면, 이것은 자기 최면을 거꾸로 거는 것과 같다.

밥상머리에서 들려주는 한국인의 멘토링

자기최면을 거꾸로 걸지 말고 기왕에 거는 거 바로 걸자.

행복

☺ 행복도 행복으로 못 느끼는 어리석은 인간

꽃 속에 들어가면 꽃의 아름다움을 볼 수 없다. 일정한 거리를 두고서 바라볼 때 꽃은 아름답다.

행복이란 것도 마찬가지다. 행복의 울타리에 갇혀 있으면 탈출하고 싶어 안달하는 게 인간이다.

자신이 선택한 최고의 남편과 아내를 몰라보고 다른 곳에 정신을 파는 게 인간들이다.

고생스럽던 지난날도 뒤돌아보면 그립게 느껴지는 수가 많다.

라면 하나에 김치를 놓고 먹던 그때가 지금 불고기를 놓고 먹는 것보다 더 맛있던 시절이 있다.

자동차

━━━━

🛞 자동차란 핸들을 꺾는 대로 굴러간다

인간이 운명은 잔인하다. 절대로 순탄하게만 굴러가지 않는다.
도무지 비가 올 것 같지도 않던 날씨가 갑자기 소나기가 쏟아져 옷
을 다 젖게 하는 것, 이 또한 운명이라면 운명이다.
제아무리 준비를 잘하는 인간이라도 갑자기 쏟아지는 소나기까지
예측하기는 정말 어렵다.

운명이란 얼마든지 예기치 않은 것과 맞닥뜨릴 수 있다. 그러나 소
나기는 우여곡절의 과정일 뿐 결국은 그친다.

소나기가 내릴 때는 네가 이기나 내가 이기나 어디 한번 겨뤄보자
고 객기를 부리지 마라. 노면의 수막현상으로 사고 나기 딱 알맞다.

운명이란 인간의 의지만 갖고 되는 게 아니라 그때그때 주어진 환경에 잘 적응해야 한다는 것도 알아야 한다. 핸들이 돌아간다고 막 돌려서는 절대로 안 된다.

공상

🍔 창조의 온상은 공상이다

분주하고 바쁘게 살다 보면 공상이란 것에 빠질 겨를이 없다. 그러나 쓸데없는 공상이 인간이 이 세상의 주인이 되게 한 원동력이다.

바쁘게 산다는 것은 공상할 시간을 가질 수 없게 되므로 인간이 가진 개성과 창조성을 제약하는 것이다.

한가함이란 친구들과 어울려 잡담이나 하는 것을 말하는 게 아니다. 혼자서 사색하는 시간을 말한다.

친구들과 어울려 웃고 떠드는 것은 일시적 유희다. 혼자만의 공간에 갇혀 있어야 쓸데없어 보이는 공상을 하게 되는 것이다.

말도 안 되는 공상이라는 밭에서 창조라는 씨앗이 발아하는 것이다.

그러나 혼자 공상하는 시간에 너무 갇혀 있으면 폐쇄적인 인간으로 굴러떨어질 수 있다. 주의해야 할 점이다.

인과응보의 법칙

아름다운 몸매와 근육을 가지는 것은 저절로 타고난 것이 아니다. 먹고 싶은 것을 참으며 오랫동안 견디며 꾸준히 운동을 하며 노력해 온 결과다.

마찬가지로 농부가 옥토를 가지게 된 것도 손에 굳은살이 박힌 결과다.

지금 부자인 사람도 남들이 흥청망청 소비의 쾌락에 빠져 있을 때,

밥상머리에서 들려주는 한국인의 멘토링

찬물만 마시고, 허리띠를 졸라맨 사람들이다.

지난날의 쾌락이 오늘의 불행을 낳은 것이며, 오늘의 불행은 지난날의 게으름 탓이다. 오늘의 무분별한 쾌락과 소비는 반드시 내일의 불행과 맞닥뜨리게 된다.

학생 시절 배우고 익히는 대신 쾌락을 좇게 되면 어른이 되어 가을 들판에서 거둘 곡식은 하나도 없다.

일시적인 기분에 들떠 1차, 2차 흥청망청 먹고 마셔버린 오늘의 유흥비는 내일 아침잠에서 깨어나면 텅 빈 지갑 속에 카드빚과 후회와 근심으로 가득 채워진다.

단 한 번 주어진 당신의 삶, 당신의 지갑에 근심과 걱정으로 채울 이유는 진짜로 없는 것이다.

넘어지는 것도 도가 있다

빙판길을 걷다가 넘어져도 뼈가 부러지는 사람과 그렇지 않은 사람이 있다. 똑같은 상황에서도 크게 다치는 사람과 그렇지 않은 사람이 있다.

넘어질 때 넘어지지 않으려고 버티면 더 크게 다친다. 저항하면 다치고 순응하면 의외로 다치지 않거나 경미한 찰과상에 그칠 수 있다.

넘어질 때 잘 넘어지는 것이 이른바 낙법이다. 낙법도 법인 이상 엄연히 법칙이 있다. 하나의 법칙은 만 가지와 다 통한다.

깊은 산속에 은둔하여 깨치는 깨달음은 작은 것이요, 일상의 곳곳에서 법칙의 도를 발견하면 큰 깨달음이다.

넘어지는 것을 두렵게 생각하지 말고 잘못 넘어질 것에 대비해 순발력을 길러라.

삶이란 것도 결국 그런 것이다.

덜 어리석고 더 어리석은 차이

용서의 힘은 마음의 평정에서 온다. 마음의 평정을 잃으면 노여움과 고까움이 생기고 남을 원망하는 마음이 생긴다.

화를 낸다는 것은 마음의 평정을 잃은 데서 온다. 잔잔하고 평온한 마음에서 분노할 것은 없다.

화란 한 번 내고 나면 주변이 말썽 없이 조용한 것 같아도 그것이 원만하게 잘 해결된 것이 아니다.
잠복 병처럼 그냥 숨죽이고 있는 것일 뿐 언제든지 틈만 나면 공격할 만반의 준비를 하고 있는 것이다.

평생 욱질하고 화만 내고 산 사람도 마지막 눈을 감는 순간엔 철이 안 들었을망정 조용히 미소를 띠며 죽는 법이다.

제아무리 성정이 모질고 지독한 인간도 마지막 순간엔 조용히 생각에 잠긴다. 그때 왜 화를 내었던가 하고!

가장이 화를 못 참는 것을 보고 자란 집 자식들은 어김없이 똑같이 그대로 닮아 대물림된다.

가슴을 후려쳐도 안 고쳐지는 게 그것이다. 자식 놈만은 그 짓을 안 해줬으면 좋겠지만 그게 그런 게 아니다.

강한 것

⊜ 부드러운 것이 강한 것이다

바위는 강하고 물은 부드럽다. 강한 것은 부러지지만, 약한 것은 휘어질 뿐 절대로 부러지지는 않는다.

고집을 굽히지 않고 굴러떨어지는 것이 바위이고, 어느 경우든 순발력을 발휘해 환경에 잘 적응하면서 흘러내는 것이 물이다.

강한 것은 땅 아래 머물고, 약한 것이 하늘 위에 오르는 법이다. 아래로만 흐르는 물은 결국 구름으로 하늘에 승천한다.

강한 것은 약한 것이고, 부드러워야 강한 것이다. 어리석은 자는 강하고 현명한 자는 부드럽다.

쌓고 무너뜨리는 것

🍔 무너뜨리는 것은 맨 밑의 벽돌 한 장이면 족하다

벽돌을 한 장 한 장 쌓는 일은 어렵지만 허무는 일은 아주 간단하다. 맨 아래쪽 한 장만 쏙 빼내면 저절로 와르르 무너진다.
사람의 일이란 아무리 하찮아 보여도 완성하는 데는 오랜 노력과 시간이 필요하다. 그러나 허무는 일은 한순간이면 족하다.

태어나서 오늘이 있기까지 공들여 온 피나는 노력을 한순간의 욱질로 다 잃고 마는 것만큼 어리석은 것도 없다.

순간을 못 참고 감정의 노예가 되어 욱질을 하고 나서 뒤끝이 없다고 변명해 봐야 나 바보요, 하는 소리밖에 안 된다.

벽돌을 쌓은 조적공이라도 그 사람의 오늘은 수십 년에 걸쳐 이루어진 것이다. 그 수십 년을 한 방의 휘두른 주먹으로 끝장내는 일은 정말 무모하다.

그 주먹의 주인이 누구인가? 주인 말 안 듣는 주먹은 없다. 특히 한국인들은 욱질을 잘하는 데 큰 문제가 있다.

깊게 가닿고 싶으면 시작할 때 넓게 파야

🍔 일을 시작하기 전에 먼저 설계를 빈틈없게 하라

마라톤 풀코스를 완주하기 위해선 주자 나름의 작전이 필요하다. 출발 신호가 떨어지기 무섭게 죽기 살기를 다해 앞으로 달려 나가다가는 얼마 못 가서 푹 주저앉고 만다.

뛰는 것은 발이되 머리로는 42.195킬로미터를 계산하면서 구간별로 체력 안배를 잘해야만 상대를 이기고 자신을 이길 수 있다.

구덩이를 파도 마찬가지다. 성급하게 빨리 파다 보면 얼마 못 가서 다시 파야 하는 번거로움이 따른다. 빨리 파자고 하는 게 더 더딜 수밖에 없다. 처음부터 깊이 팔 생각이라면 시간이 걸리더라도 구멍을 넓게 파기 시작하라.

큰 목표는 조바심을 내면 안 된다. 준비가 잘 되어야 목표에 쉽게 가 닿을 수 있다.

급할수록 천천히, 한가할수록 게으르지 말아야 옳다. 덜 익은 감을 쳐다보지 말고 천천히 익은 다음에 따도록 하자.

평범과 비범

🍔 평범한 것이 비범한 것이다.

스쳐 가는 생각의 조각들은 그냥 내버리지 말고 무엇이든 종이로 옮겨 놓는 습관을 길러라.

인간의 뇌는 수없이 일었다 스러지는 거품 공장이다. 거품은 일었다 스러지면 내 것이 아니다. 거품도 내 것이 되게 하고 싶으면, 사라지기 전에 얼른 종이에 메모해 두라.

흔해 빠진 것이 거품이고 적어 놓으면 귀한 보석이 된다. 글 쓰는 이들 중에 일기가 보석이 되었다는 말을 하는 사람들이 참 많다. 그게 어디 글 쓰는 이들뿐이겠는가? 메모는 아이디어 공장이다.

목표

🍚 막연한 목표는 망망대해에 표류하는 배와 같다

목표를 종이 위에 적어 놓고 매 순간 주문처럼 기원하고 외워라. 처음에 막연했던 목표가 1년 뒤…3년 뒤, 5년 뒤, 10년 뒤 눈앞에 목표가 가까이 와 있는 것을 발견할 수 있을 것이다.

학습의 목표, 삶의 목표, 그것에 도달하기 위한 계획을 머릿속에만 넣어두면 얼마 지나지 않아 전혀 기억에도 없다.

성공한 사람들의 특징은 머리가 뛰어난 사람들이 아니라, 목표와 계획을 분명하게 기록해 두고, 한순간도 게으르지 않게 노력한 사람들이다.

내일 지구가 멸망해도 한 그루의 사과나무를 심어서 손해 볼 일은 없다. 어린 시절부터 피 터지게 공부하는 것도 본인이 장차 가닿을 항구가 목표인 것이다.

불행

🍔 도둑은 사자를 닮았다

사자가 누우 떼를 쫓을 때 노리는 것은 가장 젊고 튼튼한 누우가 아니다. 늙고 병들어 잘 뛰지 못하는 놈을 표적으로 삼는다.

도적이 낮에 현장 답사를 할 할 때도 가장 약점이 많은 집이 어느 집인지 찾아다니는 것이다.

집주인이 어떤 사람인지 도둑으로서 감당할 자신이 있는 주인을 고르는 것이다. 이길 자신이 없으면 도둑도 그런 주인이 있는 집은 피하는 것이다.

집주인이 주도면밀한 성격이라면 도둑으로서는 그만 기가 질려 도저히 감당할 자신이 없는 것이다.

결국 사자는 도둑을 닮은 것이 되고, 도둑은 사자를 닮은 것이 된다.

일희일비

🍔 호불호가 즉각적이면 실수를 범할 수 있다

좋다고 호들갑 떨지 말고, 싫다고 크게 낙담할 것도 없다. 좋은 일이 있을 때는 나빴을 때를 생각하고 나쁜 일이 생겼을 때는 좋았을 때를 생각하라.

가까운 주변이나 이웃이 실망을 안겨 주었을 때도 좋은 적이 있었을 때를 생각하면 쉽게 용서가 된다.

로또에 당첨되어서 기뻐 날뛴 사람이 금방 그 돈을 다 날려 버리고 거지가 되면 그것도 면목이 안 서는 일이다.

설사, 복권에 당첨되는 행운을 맞았을지라도 경거망동하지 말고 혀와 몸을 잘 다스려 평상심을 잃지 않아야 그 행운을 자기 것으로 만들 수 있다.

빛과 그늘

🍙 어둠이 없다면 빛도 아름답지 않다

짐을 싣지 않은 빈 배는 파선의 위험이 따른다. 적당한 하중이 실려 있어야 안전한 운항을 할 수 있다.

인간의 삶도 적당한 걱정의 무게가 있고, 우여곡절이 있어야 삶의 애환이나 긴장감이 생긴다.

놀부가 없으면 흥부의 캐릭터를 효과적으로 살려낼 수 없다. 놀부라는 흉측한 인물을 잘 그려냄으로써 흥부의 캐릭터를 극대화하는 것이다.

본질적으로 대립의 개념이 있어야 사물을 제대로 인식할 수 있다는 말이다. 불행이라는 어두운 그림자의 삶이 있어야 그것을 극복하는 기쁨의 삶이 있고, 행복한 삶이 있는 것이다.

어둠이 없다면 빛도 아름답지 않다.

참교육

🍙 학교는 지식의 전당이고, 가정은 인격의 집이다

태어나기 전에도, 후에도 아기가 맨 먼저 만나는 것이 어머니다. 그러므로 어머니의 품성이 아이에게 미치는 인격의 영향은 매우 크다.

어머니가 틀리고, 세상이 옳아도 아이에게 어머니는 언제나 옳다. 어머니의 품에서 바라보는 우람한 체격의 아버지는 존경의 대상이다. 그러므로 아이는 아버지를 모델로 흉내를 내면서 성장한다.

아이는 태어나기 전에 어머니를 만나고, 태어난 후에는 아버지를 만난다. 그러면서도 아버지가 화를 내거나 무섭게 변하면 아이는 얼른 어머니 품속으로 파고든다. 아이에게 어머니는 절대적인 안식처다.

아버지와 어머니의 사랑은 아이에게 커다란 영향을 미친다. 아버지가 어머니를 윽박지르고 구박하는 것은 아이에게 커다란 트라우마를 심어준다.

아이는 그런 아버지를 증오하면서도, 나중에 성인이 되었을 때 아이는 아버지와 완벽하게 똑같은 행동을 반복한다는 데 문제가 있다.

공격 성향을 가진 아이들의 특징은 하나같이 부모들의 성정이 모델이 된다는 것을 바로 알 필요가 있다.

사랑받고 자란 아이가 남을 사랑할 줄 알고, 미움을 받고 자란 아이는 별다른 이유도 없이 남을 증오하고, 공격한다.

성장 과정에서 아이들이 잘못하고 실수를 해도, 그저 잘한다고, 칭찬과 격려를 아끼지 말아야 하는 이유다. 아이들은 때가 되면 옳고 그른 것을 저절로 다 깨우치고 알게 되므로 미리 앞질러서 가르치려고 서두를 필요도 없다.

억압받고 자란 아이는 방어기제(defence mechanism)가 되어 나중에 성인이 되어도 자신의 잘못을 인정하지 않고 무조건 우기는 경향이 있다.

한국인의 유명 인사들 가운데도 그런 대책 없는 캐릭터(character)가 많이 눈에 띈다는 점은 실로 유감이 아닐 수 없다.

지식과 지혜

🍔 지혜란 인격의 그릇이다

어린이는 가정에서 인격의 바탕이 거의 90% 정도는 다 만들어진 다음에 어린이집이나 학교에 간다.

엄밀히 말해서 학교는 인격을 양성하는 곳이 아니라 지식을 쌓고 넓히는 곳이다.

인격에 따라서 지식이란 되레 사람을 망치는 수가 있다. 학교에서 배운 지식이 사회 공동체로 오면 틀리는 수도 더러 있다. 지식을 주관적 관점에서 바라보기 때문이다.

사람들은 그래서 혼란을 겪게 되고 타락하기도 하며, 범죄의 길로 들어서기도 한다.

식칼은 문명의 이기다. 그러나 그 칼을 요리사가 들지 않고 강도가 들면 흉기가 된다. 지식 또한 마찬가지다.

선한 인격의 소유자라야 학교에서 배운 지식이 제대로 활용되지, 사악한 인격에 지식이 들어가면 그 지식이 흉기로 변할 수밖에 없다.

노인

> 🫓 노인은 인간이 만든 그 어떤 대학보다도 더 일류 대학인 세상 대학을 졸업한 사람들이다

유대인들의 바이블인 탈무드에는 노인과 도서관은 서로 맞바꾸지 않는다는 말이 있다.

일류 대학은 책으로 배우는 간접 지식이지만 노인이란 세상을 직접 경험한 산지식의 소유자들이다.

대학에서는 책으로 논문은 쓸 수 있지만, 직접 손으로 물질을 만져 보고 배우는 데는 한계가 있다. 이러한 것을 보완하기 위해 자연과학대에서는 실험실이라는 것을 둔다. 그러나 실험실이란 세상이라는 무대에 비하면 너무나 작은 공간이다.

한국의 젊은이들은 늙은 가족을 보호의 대상인 줄로 생각하는 경우가 많다. 그러나 그것은 틀려도 많이 틀렸다. 젊은이들은 노인들을 통해 노인들의 산 경험을 경청하고 배워야 한다.

노인들의 행동은 늘보처럼 늘 굼떠 보이지만 영혼이란 그런 게 아니다. 노인들의 행동이 굼떠 보이는 것은 실수를 범하지 않기 위한

노파심도 포함하고 있다. 노인들의 눈에는 함부로 덤비는 젊은이들이 불안하다. 저러다 넘어져서 인생을 다치지나 않을까 걱정도 있다.

한국 사회에서 '노인이 되면 입은 닫고 지갑은 열라'는 우스갯소리도 있다. 꼰대니, 틀딱이나 입에 담지 말아야 할 흉측한 말도 유행어가 되는 현실이다.

유대인들에게 노인은 존경과 경외의 대상인 반면 한국의 젊은이들에게 노인은 조롱의 대상이 되는 한심한 사회 풍조다.

노인이 되면 제발 입 다물고 한쪽 구석에 가만히 가마니때기처럼 없는 듯 처박혀 있기를 바란다.

동방예의지국이란 말은 공자 시대 때의 말이다. 지금은 서양 쪽에 가면 노인들이 젊은이들로부터 더 존경을 받는 모습을 본다.

한국의 노인들은 경제적 능력이 좀 되면 더 이상 한국에 머물러 있는 것을 별로 좋아하지 않는다. 퇴물 취급 받지 않기 위해서다.

한 번쯤 잠깐 젊은 시절이 되어 보는 건 누구나 다 경험한다. 그러나 노인으로 변하는 건 더 잠깐이다.

오늘 비웃고 조롱하던 젊은이들의 손가락이 내일 그 손가락이 자신을 가리킨다는 점을 반드시 기억해 둘 필요가 있다.

판단

🍚 재판관도 종종 오판을 한다

싸움은 말릴 수 있지만 남의 시비에 함부로 옳고 그름을 판단하려 드는 건 옳지 않다.

제삼자가 당사자의 입장을 다 안다고 할 수 없기 때문이다. 성경에도 남을 판단하지 말라는 구절이 있다.

옳지도 않고 맞지도 않은 판단을 함부로 하고 나서는 일은 노골적으로 한쪽을 편들자고 하는 것이 되므로 공연히 남의 시비를 자신의 시비로 가져가는 꼴이다.

남을 판단하려 들면 이쪽저쪽 누구에게서도 환영받지 못할 백해

무익이 될 공산이 크다.

배움

🍔 어리석은 자도 훌륭한 스승이다

사람은 죽을 때까지 배워도 못다 배운다. 마지막 죽을 때에 이르러서 아주 작은 것만 깨치고 가는 것을 원통해한 한 철학자도 있다.

사람은 본래 가르치는 자가 따로 정해져 있는 것이 아니다. 현명한 사람도 바보를 보고 느끼고 배우며, 어리석은 자는 당연히 현명한 사람을 보고 깨우치는 것이다.

그러므로 사람을 함부로 깔보고 어리석게 보는 것은 그렇게 보는 사람이 어리석은 것이다.

학생이 교수에게 제대로 배우지 못하는 것도 문제지만 교수가 학생을 통해 배우는 것이 없다면 그 교수는 교수할 자격을 못 갖춘

자다.

현명한 사람은 누구를 가르치려 들기 전에 먼저 스스로에게 부족한 것을 바로 알고 배우려는 사람에게서 새로운 무엇을 발견하는 자다.

인간은 태어나면서 배우고 죽을 때까지 배워도 지식의 가방을 다 채울 수 없다.

주검이 주는 교훈

😑 타인의 죽음을 통해 자신의 삶을 겸허히 되돌아보게 된다

가장 불행한 자도 두 번 죽지 않고, 가장 행복한 자도 단 한 번은 반드시 죽는다.

살아서 별다른 교훈을 주지 못했던 사람도 주검 그 자체가 되어서는 살아남은 자들에게 훌륭한 교훈을 줄 수 있다.

　　　　　　　　밥상머리에서 들려주는 한국인의 멘토링

죽은 자가 살아남은 자들에게 교훈을 줄 수 있다면 인간은 반드시 죽어야 하고 또 죽는다.

일찍 죽는 사람은 더 큰 교훈을 던져 주고 늦게 죽는 사람은 호수처럼 잔잔한 교훈을 던져 주는 것이다.

결기는 무덤이다

😑 욱하는 것은 망하는 지름길이다

누구라도 망하는 길로 들어서고 싶으면 버럭질부터 마음속에 잘 가꾸면 된다.

온갖 비난과 경멸, 견딜 수 없는 모욕을 당하는 일이 있어도 웃을 수 없다면, 화내는 대신 계집아이처럼 그냥 울어버리는 게 백번 낫다.

맞부딪치면 서로 깨진다. 상대방은 깨지고 망가지기 위해 당신을 조롱하고 모욕하지만, 당신은 망하는 것도, 깨지는 것도 싫고, 오로지 그저 성공해야 할 사람이므로 맞부딪히는 것보다 피하는 게 백번 옳다고 생각하는 사람이다.

이기는 법칙은 지는 것이다. 이 공식은 절대로 안 깨지는 진리다. 상대방이 나를 이기려고 길길이 날뛰도록 가만히 내버려 둬야 내가 아무 힘들이지 않고 저절로 이길 수 있는 것이다..

상대방이 저 혼자 망하도록 그냥 웃으면서 바라보라.

법

🍔 주먹은 멀리 있고, 법은 턱 밑에 있다

노인이 잘 참을 줄 아는 것은 단지 기운이 없거나 공격할 줄 몰라서 그런 것만은 아니다.

노인이 되기까지 무탈하게 살아남은 것 하나만으로 이기고 지는 길이 무엇인지 알기 때문이다.

참을성 없는 젊은이는 시간이 지나고 난 뒤에 아차, 하고 깨닫게 되지만 그때는 이미 늦다.

철창에 갇히는 한이 있더라도 한번 붙어보자고 덤비는 젊은이는 나중에 반드시 후회한다.

여성들이 배우자를 선택할 때도 후회하는 결혼이 안 되고 싶으면 무엇보다도 남성들의 이런 점을 잘 유의해서 살펴봐야 한다.

참지 못하는 것을 남자다움으로 착각하지 마라. 남자다운 것이 아니라 무모한 것이다.

법은 멀고 주먹이 가깝다는 것은 틀렸다. 주먹보다 가까운 게 법이고, 법은 바로 턱 아래에 붙어 있다.

심각함 대신 진지함

🍙 심각하게 보지 말고 진지하게 보자

당신이 지금 고민하는 문제는 하나도 진지한 것이 아니다. 당신이
고민이라고 생각하는 것은 지나치게 심각하게 보기 때문에 고민
이라는 게 생기는 것이다.

부모가 죽고 사랑하는 남편이나 처자식을 잃었다, 치자. 가진 재산
을 하루아침에 다 날렸다고 치자. 그리고 또 변심한 애인이 등 돌
렸다고 치자. 그래도 당신은 심각해질 이유도, 필요도 없다.

부모는 얼마든지 먼저 죽게 돼 있고, 또 가진 재산을 다 날릴 수도
있으며, 애인이 변심하여 멀리 달아날 수도 있는 것이다. 절대로
없을 일이 당신한테만 생겨난 게 아니라는 말이다.

만약 불행한 당신의 상황을 바꾸어 놓을 수만 있다면 얼마든지 당
신은 심각해져도 좋다. 그러나 꿈쩍도 않을 상황을 두고, 제아무리
당신이 심각한 고민을 해 봤자 당신의 두뇌만 혹사시키는 일이다.
정신을 차려야 물에 빠져도 살아날 기회가 보인다. 호랑이한테 물
려가도 제풀에 까무러치지 말아야 살길도 눈에 보이는 법이다.

유대인의 탈무드는 사랑하는 부모가 죽고 떠나도 한 달 이상 슬퍼하지 말 것을 가르친다.

공자는 부모가 죽고 난 묘지에 움막을 짓고 3년을 버텨야 효를 다한다고 한다. 멍청하고 아둔한 게 공자고 현명한 게 탈무드다.

사물을 심각하게 보지 말고 진지하게 보라.

원숭이와 곰

축복이라는 것은 능력이나 재주가 뛰어난 자가 차지하는 게 아니다. 조금은 답답해 보일 수 있지만, 은근한 끈기로 집요하게 달라붙는 자가 차지하는 경우가 더 많다.
재능이 제아무리 뛰어나도 실천하고 버티는 끈기가 없으면 모두 허사가 되는 것이 인생의 비밀 법칙이다.

재주가 많은 원숭이는 변화와 굴곡이 많다. 곰은 느리지만 그래도 제 볼일 못 보는 곰은 없다.

사람도 가장이 열두 가지 재주를 가지면 집안에 쌀독이 비기 쉽고 곰처럼 그저 죽자고 한 곳만 파면 결국 목을 축일 수 있는 물이라도 얻는다.

단점엔 눈을 감고 장점엔 눈을 뜨라

😊 자신에겐 엄격하고 타인에게 관대해지자

너그러운 사람이 되고 싶을 때 타인의 단점엔 눈을 감고 장점만 바라보면 저절로 그렇게 된다.

'저 사람, 왜 저러지?' 하는 것보다 '저 사람 입장에선 충분히 저럴 수 있어!'라고 생각하는 훈련을 쌓으면 똑같은 상황이라도 다른 상황으로 보게 된다.

남을 용서하지 않고는 자신이 너그러워질 수는 절대로 없다. 너그러워진다는 것은 결국 자신을 이기는 것이다. 자신을 못 이겨내면서 어찌 타인을 이겨내길 바라는가?

자신에게는 가혹하고 타인에게 관대할 때라야 자신을 이긴다.

죽어도 칭찬의 말이 입술 밖으로 잘 안 나와 준다면 최소한 남의 허물만이라도 입에 담지 말자.

세상책을 읽자

◕ 지식이 필요할 때 학교에 가서 스승을 만나거나 책을 사서 보면 누구나 다 배울 수 있다

스승이라고 해서 지혜를 다 갖고 있는 것은 아니다. 지식은 남에게 가르쳐 줄 수 있지만, 지혜는 스스로 깨치는 것이다.

요즘 책은 하도 이상스러운 게 많아서 책을 통해 지혜를 깨치는 것도 결코 쉽지 않다.

지식은 쌓을수록 의문이 더 커질 수 있다. 그러나 지혜를 깨치면 사건 사물이 하나같이 잘 정돈되어 보인다. 한 숟가락의 지혜가 한 드럼통의 지식보다 더 중요한 이유다.

지혜를 얻기 위한 책은 세상책이다. 인간이 쓴 책은 인간이 썼다는 점에서 오류가 있을 수 있다. 그러나 세상이라는 책은 오류라는 게 전혀 없다.

세상책에는 자연과 인간, 인간과 자연의 관계가 하나의 모순도 없이 잘 정리돼 있다.

사람이 쓴 책은 단돈 얼마라도 책값을 지불할 필요가 있지만, 세상 책은 돈 한 푼 들이지 않고, 가난한 자도 누구나 마음만 있으면 쉽게 공짜로 읽을 수 있다.

만고불변의 진리

⊖ 노여움이 용광로처럼 들끓어 오를 때는 지병인 정신병이 도지는 것쯤으로 생각하라

자신의 지병이 때와 장소를 안 가리고 간질병처럼 나타나 다른 사람들에게 들키게 하는 것만큼 수치스러운 것도 없다.

누군가와 마주 앉았을 때 도저히 노여움을 참을 수 없다면 잠시 그 자리를 벗어나 화장실이라도 다녀오는 척이라도 해서 상내방이 전혀 눈치를 못 채게 하라.

감정이 대립할 때 말을 꺼내 봐야 나올 것은 제아무리 절제된 언어라 할지라도 그것은 독화살에 지나지 않는다. 하고 싶은 말은 마음 속에서 분노가 말끔히 사라진 다음에 해도 절대로 늦지 않다.

생각이 짧으면 자신의 노여움이 상대방의 자극에 의한 것임을 알리고 싶어 안달이다. 그래서 이익 볼 건 정말 하나도 없다.

상대방이 언짢아하고 격분하고 있을 때, 참고 잘 넘기는 지혜가 필요하다. 그 시간을 잘 참고 견디면 언짢아하고 격분했던 사람이 나중에 뒤끝이 없다면서 사과하고 나올 공산은 얼마든지 있다.

이로써 당신은 참는 것 하나를 무기로 상대방을 이기고 또 상대방으로부터 존경받게 된다.

이는 동서고금에 통하는 만고불변의 진리다.

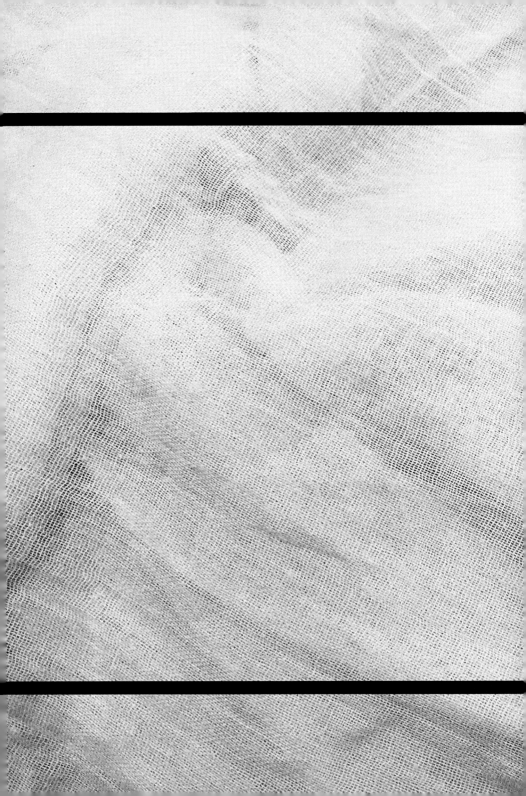

제3부

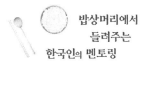

밥상머리에서
들려주는
한국인의 멘토링

인간과 종교

🍔 종교가 참다운 인간을 만들고 인간이 올바른 종교를 만든다

과학이 우주의 비밀을 다 규명해 낼 수는 없다 치더라도 과학을 도외시하는 종교는 지금이라도 태도를 바꾸지 않으면 비전을 가진 종교로서 살아남을 수 없다.

철학과 문학과 과학을 총망라하여 무장한 신흥종교들이 함석지붕에 떨어지는 소나기처럼 요란하게 도전해 오고 있음을 기존의 종교들은 깨달아야 한다.

언제까지 천국 타령이나 하고 이승의 고난이 전생의 업이라고 설파하며, 부모가 죽은 뒤 3년 동안 무덤을 지키게 할 것인가?
잘못된 가르침은 인간을 더욱 어리석게 할 뿐이다. 그런 가르침은 인간을 고통의 나락에서 건져내는 게 아니라 공연히 없는 고통을 만들어 주는 일이다.

가르침이란 본시 뜨고도 보지 못하는 눈을 밝혀 주는 일이다. 그런데 잘못된 종교의 가르침으로 인간의 눈을 외눈박이로 만든다면 그것이 바로 죄악이다.

벌레가 밟혀 죽을 것이 두려워 한 발자국도 못 옮겨 놓는 것을 깨달음이라고 하면 어쩌자는 말인가. 부모 주검을 끌어안고 3년을 비탄에 빠져 있어야 한다면 제정신인가.

부모가 죽고 나서 한 달 이상을 슬퍼하는 것을 금하는 유대인의 현명함 앞에 머리를 한 대 쥐어박힌 것처럼 지금이라도 정신을 제대로 한번 차려야 한다.

깊되 넓은 것을 모르면 그것은 깨달음이 아니다. 깊고 넓은 것을 다 알아내는 것이 진정한 깨달음이고 진리다. 참다운 종교는 참다운 인간을 만들고 그렇지 못한 종교는 인간들을 더욱더 어리석게 할 뿐이다.

21세기의 신

🍔 21세기의 등장한 절대 강자의 신이 '돈신'이다

돈이 신으로 등극할 조짐은 대략 한 17세기경이다. 물론 그 이전에도 장차 돈이 신으로 절대 강자로 등장할 것이라는 징후는 충분했지만 세계인들은 크게 눈치를 못 챘다.

유일하게 눈치를 챈 사람들이 그리스도의 열두 제자들이다. 그들은 약 서기 2,000년 전에 이미 돈의 능력을 제대로 알아본 것이다.

세상은 변할 수밖에 없다. 지금의 사람들은 돈이 신 이상의 힘을 발휘한다는 사실을 분명히 알고 있다.

돈이 나빠야 할 까닭은 하나도 없다. 나빠야 한다면 그것은 돈을 탄생시킨 인간이다.

인간이 신을 만들지 않았다는 증거는 정말로 없다. 돈 역시 인간의 작품이라는 것도 확실하다.

돈은 하늘에서 빼꼼히 아래를 내려다보며 인간들에게 무엇을 가르치려 드는 그런 위선적인 존재는 아니다.

그러면서도 사람을 죽였다 살렸다 마음대로 떡 주무르듯 하는 게 돈이다.

모든 신들이 위선적인 데 반해 유일하게 '돈신'만은 거짓부렁을 하나도 모르는 위악적이고 가장 정직한 신이다.

인내

⊜ 인내는 일순간을 참는 것이 아니라 영원히 참는 것이다

과일주를 잊지 못하고 매일 한두 번씩 뚜껑을 열어 본다면 숙성기간이 필요한 과일주는 결국 먹지 못하고 버리게 된다.

고까운 마음을 참지 못하고 말을 뱉어 놓고 보면 못 먹는 과일주처럼 항상 후회만 남는다.

참는 것으로 금방 어떤 보상이 주어지지는 않지만, 후회를 남기지 않는다는 점에서는 이미 보상받은 셈이 된다.

인내는 잠시 참는 거지만 그 열매는 영원하다.

술, 그리고 담배

술, 담배를 하면서 현명한 척하지 마라

당신의 붉은 간을 알코올에 젖어 고무처럼 굳게 하지 말고, 당신의 폐를 담배의 니코틴으로 타다만 시꺼먼 장작떼기를 만들지 마라.

알코올도 마약이다. 단지 도수가 좀 낮을 뿐, 마실수록 양이 늘고, 나중에는 알코올이 당신을 마신다.

술에 취해 비틀거리며 전봇대를 붙잡고 개처럼 삐딱하게 서서 오줌을 내갈기는 당신을 누가 정상으로 보겠는가?

술에 취하면, 사람이 개가 된다. 당신이 진정 개가 되고 싶으면, 술을 마셔라. 그러면 저절로 개가 된다.

담배가 자랐던 땅에는 3년 정도 다른 식물이 자라지 않는다고 한다. 제법 영리하게 생겼다는 인간이 그런 지독한 담배를 입으로 빨고도 모자라 폐 속 깊이 들이킨다.

담배 피우는 사람 중에는 다른 사람의 침이 묻은 담배꽁초를 길거리에서 주워 피우는 사람도 있다. 자신의 폐가 담배 니코틴에 절어 암으로 변하나 안 변하나 한번 시험해 보는 것이다.

그런 바보 같은 사람과는 친구도 안 하는 게 진짜 현명하다.

남의 어리석음을 비웃을 줄 알면서, 자신이 범하는 어리석음을 바라보지 못하는 당신이라면 이 책을 통해 정신을 다시 차리길 제발 바란다.

철학자

🙂 배고파야 먹을 것이 보인다

사자라고 해도 배가 부르면 돼지처럼 잠만 잔다. 배가 고파야 일어나서 사냥할 것을 노린다.

사람도 몸과 마음이 괴롭고 힘들어야 지금껏 종교를 부정하던 사람도 두 손을 모으고 지푸라기를 붙잡는 심정으로 하늘이든 어디

든 대고 기도를 한다.

수행승이 깨달음을 얻기 위해 자청해서 고행길로 들어서는 이유도 육신의 고통을 동반하기 위해서다.

고통이 없으면 깨달음도 없다. 부자가 되면 깨달음과 담을 쌓고 지낼 가능성이 크다. 어떻게 돈은 지켜내나? 그 궁리에만 몰두하게 된다.

지나치게 가난해도 돼지처럼 먹을 것만 생각하게 된다. 그러므로 최소한 배는 곯지 말아야 심오한 정신적 자극을 받을 수 있다.

철학자들은 일부러 가난해지려고 힘쓰는 게 아니고 부의 축적이나 이재에 관심이 없기 때문에 저절로 가난해진 것이다.

긍정의 축복

☺ 세상 안에 우리가 머무는 게 아니고, 세상이 우리 마음속에 들
어와 머무는 것이다

행복도 불행도 모두 사람의 마음속에 있다. 가진 것이 없어도 삶을
긍정하면 행복하고, 금덩이를 갖고도 다이아몬드가 없음을 탄식
하면 불행하다.

장갑을 끼면서 손가락이 끼어 아프다고 생각하는 사람과 장갑이
있어서 손이 가시에 찔리지 않고 너무 편하다고 생각하는 사람은
영혼이 다르다.

은행 통장에 10만 원밖에 안 들어있다고 울상을 짓는 사람도 있
고, 10만 원에 5만 원을 더 보탤 수 있다고 생각하는 사람은 얼굴
표정부터가 다르다.

자신의 삶을 지옥이라고 생각하는 사람은 정말 지옥의 삶을 살 수
밖에 없다. 세상을 천국이라고 생각하는 사람이라야 이승에서 천
국을 살 수 있다.

태양의 빛을 뜨겁다고 불평을 늘어놓는 사람과 뜨거운 햇볕 때문에 두터운 옷이 필요 없다고 생각하는 사람은 누가 시켜서가 아니고 각자 스스로 그런 생각을 갖는 것이다.

천국과 지옥은 죽어서 가는 곳은 아니다. 살아서도 못 가는 천국을 죽어서 어떻게 간다는 말인가?

살아서 천국에 가고 싶으면 마음을 고쳐먹으면 세상이 천국으로 변하는 법이다.

종교

⊜ 대안은 없다. 그래도 종교는 인간의 마지막 양심이다

기독교가 면죄부를 팔고, 중들이 잿밥에만 관심을 두며, 천주교 신부들이 번번이 편향된 정치에 참여한다고 해서 종교 무용론을 펴거나 혐오해서는 안 된다.

정치가 늘 말썽이라고 해서 국가를 없앨 수 없지 아니한가? 빈대가 극성이라고 해서 초가삼간을 다 태워버릴 수 없고, 아내 잔소리가 귀찮다고 결혼을 안 하면, 애는 누가 낳아 키우나? 울타리를 뛰어넘는다고 다 죽여 버리면 소는 누가 키우고 한우는 어디 가서 맛보나?

종교가 완전 필요가 없다는 것이 사회주의 국가다. 사회주의 국가는 일당 독재와 국가 외에는 그 어떤 것도 필요 없다는 것이다. 반대로 자유주의 국가는 국가가 내세우는 이념 말고 다양한 목소리를 내는 인간집단의 기구들이 있어야 하고, 또 서로 상반되는 목소리를 내고, 간섭하므로 소위 말하는 정반합 이론 같이 계속 상승 발전한다는 것을 존중하는 것이다.

인간이 완전하지 못한 것처럼 그 어떠한 인간집단 기구나 제도도 완전한 것은 없다. 완전하지 않은 것과 무용한 것은 다르다. 불완전해도 인류가 계속 발전하기 위해서는 불완전한 대로 존재해야 할 필요와 이유가 있는 것이다. 존재하지 않으면, 시행착오도 없고 또 어떻게 발전하는 것인지, 망하는 것인지조차 알 턱이 없다. 어둠이 있어야 찬란한 빛이 있는 것처럼 불완전한 것이 있어야 완전한 것도 보인다. 또 보인다고 해서 현실적으로 다 구현된다는 보장도 없다.

사회주의 국가의 무지와 독선은 국가만 옳다는 것이다. 반면 자유주의 국가는 인간집단이 제멋대로 하고 싶은 것은 다 해 보라는 것이다. 국가에 대해서 매우 비우호적이고 사사건건 걸림돌이 되고 불편하기 짝이 없어도 마음껏 그것을 보장하는 것이다.

종교를 완전해서 허용하는 것은 아니다. 국가도 완전하지 않은데, 인간집단인 종교더러 완전하라고 한다면, 그것은 애초부터 틀려먹은 것이다. 어떻게 보면 국가가 안고 있는 문제점이 더 큰데, 그것은 그대로 내버려 둔 채, 다른 인간집단 보고만 다 문제가 있으니 허용할 수 없다는 것이 사회주의가 갖는 모순이다. 반면 모든 인간집단이 시행착오를 겪든 말든 하고 싶은 대로 다 해보든지 말든지 멋대로 하라는 것이 자유주의의 시스템이다. 그런 시행착오를 밑거름으로 해서 인간 사회를 발전시켜 나가는 게 자유주의 정신이다.

이혼을 하는 한이 있더라도 결혼을 하는 것이 낫고, 하늘에 신이 없더라도 있다고 믿어서 나쁠 것은 없고, 종교가 나쁘고 필요 없는 것 같아도 그것이 있어야 인간의 마지막 양심과 희망이 사라지지 않는 것이다.

이것도 말썽이므로 필요 없고 저것도 필요 없다는 논리라면 결국 당신도 전혀 필요 없는 한 인간이 되고 마는 실로 어처구니없는 논리에 갇히고 마는 것이 된다.

기도

🍚 기도는 자기에게 최면을 거는 것이다

무슨 일을 시작하기 전에 계획과 각오를 다짐하고, 조용히 간구하는 기도의 시간을 갖고 출발하는 것과 막연하게 그냥 출발하는 것은 결과에 굉장한 차이가 있을 수밖에 없다.

기도는 자신의 신념과 확신이며 기원이다. 자기 자신에게 최면을 거는 것이다.

기도를 열심히 잘하는 사람들은 기독교인들이다. 오늘날까지 기독교가 눈부신 발전을 해 온 이유도 모두 기도 덕분이다.

기독교인들은 신에게 기도한다고 하지만 제대로 보면 사실은 자기 다짐이다. 이래도 감사하고, 저래도 감사하고, 죽어도 감사하는 것은, 삶을 긍정하는 기독교인들의 정신이다. 세상은 긍정하는 대로 된다.

기도는 가난한 자나 부자, 그리고 잘난 자 못난 자. 건강한 자나 병든 자, 행복한 자나 불행한 자, 누구든지 돈 한 푼 안 들이고, 자기 집 안방이든, 예배당이든, 어디에서도 할 수 있다.

굳이 기독교뿐만 아니라 그 어떤 종교라도 기도를 열심히 하면 하는 대로 다 이루어지는 것을 경험하게 된다.

기도란 반드시 신이 듣고 그에 응답한다고 하는 것은, 대표적으로 기독교인들이지만, 기도는 자신의 마음속에 들어있는 선한 신께서 듣고 응답하는 것임을 강력히 주장한다.

사랑과 천국

🍚 무료한 일상을 벗어나기

한겨울 따뜻한 방 안에 항상 파묻혀 있으면 그것의 고마움보다는 좀이 쑤셔 차가운 바깥이 더 그리워 못 견디는 법이다.

막상 바깥을 나가 보면, 제아무리 남루하게 지어진 슬레이트집이라도 따뜻한 방이 더없이 소중한 곳임을 안다.

지금껏 불평불만 하던 그 자리를, 단 하룻밤 서울역 지하도에 가서 노숙을 하고 돌아와 보라. 세상의 천국이 따로 없는 자신의 집 안방이다.

가진 것이 소중한 것임을 알아야 사랑이라는 것도 생긴다. 남편과 아내가, 그리고 자식이 있는 가정이 더없이 소중한 사랑이고 천국이다.

밥상머리에서 들려주는 한국인의 멘토링

인간과 신

사람은 두 개의 눈을 가졌지만 결국 한 곳만 바라보게 되어 있다.

두 개의 눈을 이마와 뒤통수 쪽에 하나씩 갖다 붙여 두었더라면 좀 우스울 것 같아도, 익숙해지면 반드시 그런 것만도 아니다.

이마와 뒤통수 쪽에 눈이 하나씩 붙은 사람이 이마 아래 두 눈알이 박혀 반짝이고 있는 것을 보면 참지 못하고 그만 웃음을 터뜨릴지 모르는 일이다.

신의 모습은 원래 인간의 상상력에 의해 만들어진 것이기에 인간의 형상을 본떠 두 눈을 이마 아래쪽에 갖다 붙였을 공산이 크다.

그러나 신의 모습은 한 개의 눈은 이마 밑에, 나머지 하나는 뒤통수에 갖다 붙여야 훨씬 더 나을 수 있다. 그래야 편견 없이 사물의 양쪽으로 모두 바라볼 수 있을 것이기 때문이다.

신은 인간과 달리 한 곳만 바라보아서는 안 되는 것이다. 그래야 신이 인간에게 교훈을 주지 신이 인간과 똑같이 한 곳만 바라본다면 인간과 신이 별로 달라질 게 없다.

한 곳만 바라본다는 것은 자기 자신이 듣고 싶은 것만 듣고, 보고 싶은 것만 볼 위험성이 매우 크다.

신은 절대로 그래서는 안 되는 것이다.

이해와 용서 그리고 사랑

😀 연기자는 예쁘고 얄미운 자를 따로 나누어 객석에 앉히지 않는다

누구든지 미운 사람, 고운 사람을 구분하고 나누지 마라. 밉게 보면 사람만큼 미운 것은 없다.

무대의 주인공이라면, 조역을 일일이 다 상대해 줘야 한다. 미운 자, 고운 자를 나누면 주인공 자리를 내놓고 단역을 맡아야 한다. 어느 연기자가 주연이 싫어서 단역을 맡고 싶겠는가?

밥상머리에서 들려주는 한국인의 멘토링

겉으로 드러내지 않고 미운 마음만 품고 있어도 상대방이 기막히게 눈치를 챈다.

돈 떼먹고 달아난 자를 원망하고 욕하면 달아난 자의 영원한 적은 나다. 돈 잃고 적을 하나 만드는 꼴이다. 돈을 잃었어도 적은 만들지 말아야 장차 자신에게 이익이다.

돈 떼먹고 달아난 자를 험담하지 말고 좋게 말하면 달아난 자가 어디서든 그 말을 듣게 돼 있다. 나쁜 말 대신 좋은 말하는 당신의 인품에 그 사람은 저절로 존경하는 마음을 품게 될 것이다.

그렇게 되었을 때, 그 사람이 형편이 나아진다면, 반드시 떼먹은 돈을 들고, 당신을 찾아와 용서해 줄 것을 빌 것이다.

설사, 그렇지 못하는 한이 있어도 영원한 적을 한 명 만드는 것보다 한 명의 적을 제거했다는 점에서 당신은 축복 받을 사람이고, 또 반드시 축복을 받게 돼 있다.

결국 용서는 당신을 위한 것이지, 결코 상대를 위한 것이 아니다. 미운 사람을 곱게 볼 수 있어야 당신이 무대의 주인공이 될 수 있는 것이다.

해탈

> 🫓 갖지 못해서 근심 걱정을 하는 것보다 가졌기 때문에 근심 걱정을 하는 경우가 더 많다는 사실을 사람들은 잘 모른다

집을 가졌다는 것은 재산세를 꼬박꼬박 내야 하고 매달 건강보험료를 더 많이 납부해야 한다.

그러나 세입자는 매달 집세만 내면 더 이상 신경 쓸 일이 없다. 집주인이라고 해서 분기별 재산세는 물론 매달 대출금을 꼬박꼬박 안 갚고 배겨낼 재간은 없다. 집이 망가지거나 보수하는 건 전부 집주인의 몫이다.

자동차 역시 마찬가지다. 갖는 순간부터 타이어가 나사못에 펑크가 나지 않을지, 멀쩡하게 세워둔 차를 누군가가 흠집을 내놓지는 않을지, 보험 가입서부터 오일 교환 시기, 일상 점검, 정기 검사 등 온갖 근심 걱정을 다 하고 살아야 한다.

차를 소유하지 않으면 무엇이 걱정인가. 길거리에 빈 택시가 돌아다니지 않는가. 기름값보다 교통비가 더 많이 들기라도 하는가.

밥상머리에서 들려주는 한국인의 멘토링

어떤 물건이라도 버리기 아깝다고 갖고 있어 봐야 득 될 게 없다. 보관하느라 신경만 쓰고 공연히 장소만 복잡할 뿐이다.

안 쓰는 물건은 그때그때 필요한 사람에게 그냥 줘 버리는 게 훨씬 낫다. 백날 가지고 있어 봐야 결국 나중엔 버리느라 스티커 값만 더 들어간다.

돈 역시 마찬가지다. 어떻게 투자를 해야 할지 고민하다가 결국 주식이나 펀드를 갖게 되면, 골이 빠개질 정도로 스트레스를 받는 일이 그 짓이다. 있으면 걱정 속에 자신을 가두는 일이고, 차라리 없는 것이 걱정에서 벗어나 자유로워질 수 있다.

자식도 있어야 할 것 같지만 반드시 그렇지만도 않다. 있는 자식이 평생 나를 옭아매는 짐이다. 무자식이 상팔자라는 말은 그래서 생겨난 말이다.

불교에서는 일찍부터 무소유를 주장해 오고 있다. 욕심을 채우는 만큼 근심 걱정을 더 키우는 일이므로 기왕의 것을 버리고 해탈에 이를 것을 가르친다.

일체의 욕심은 몸에서 생겨나므로 몸은 곧 욕심의 집이다. 몸에서 생겨난 욕심이 주인을 망치고 잡아먹히게 하는 열쇠다.

몸은 결코 많은 것을 필요로 하지 않는다. 몸속에 든 욕심이 많은 것들을 필요로 할 뿐이다.

인격의 집

⊜ 스쳐 가는 생각의 편린일지라도 옹이처럼 기억 속에 흔적을 남긴다

수없이 떠올랐다 스러지는 부질없는 생각들은 거품처럼 여겨지기 쉬우나 실은 마음 한구석에 잠복 군처럼 남아 있게 마련이다.

따라서 나쁜 상상이나 생각들이 머릿속에 떠오르려 할 때는 얼른 분위기를 바꾸어 이를 단호히 거부할 필요가 있다.

인간의 상상과 생각은 스펀지에 스며드는 물처럼 일단 자각 속에 흔적으로 남게 되면 훗날 그것은 부지불식간에 스스로를 휘감는 그물이 된다.

밥상머리에서 들려주는 한국인의 멘토링

좋은 생각은 좋은 그물을 만들고 나쁜 생각은 나쁜 그물을 만들며, 결국 그것이 나의 집이 된다. 그 집이 바로 인격의 집이다.

기도하는 습관은 인생을 거듭나게 하고 운명을 뒤바뀌게 한다. 그 것은 좋은 생각들로 기억의 흔적을 남기는 일이기 때문이다.

긍정의 힘

어느 날 갑자기 재난이 덮쳐 삶이 파괴될지라도 낙담하거나 절망 하지 마라. 비록 눈에 보이지 않는 신이지만, 당신의 능력을 믿기 때문에 재난의 기회를 가져다준 것이다.

그대가 능히 그 불행을 극복할 수 있을 때 신은 당신을 위해 더 좋 은 기회를 마련해 두고 있는 것이다.

당신의 신은 절대로 수고를 그냥 하게 하지 않는다. 당신이 지금 누리고 있다고 생각하는 그런 매너리즘(mannerism)에 갇혀 있는 한 그 이상의 발전은 없다.

이를 안타까이 여긴 당신의 신은 당신에게 더 큰 기회를 가질 수 있게 마련해 둔 것이 재앙이라는 장치다.

난세에 영웅이 나고 전쟁이 터져야 비로소 훌륭한 장군이 나타나 듯 재난은 그대가 영웅이 될 기회를 제공하는 것이 되므로 위기를 기회로 받아들일 줄 아는 것이 곧 긍정의 힘이다.

그것을 감사하는 자는 신의 뜻을 긍정하는 자고 그것을 원망하는 자는 신의 뜻을 부정하는 자다.

높아지려면 낮아지고 낮아지려면 높아진다

😊 물은 낮은 곳으로 흘러 가장 높은 곳에 가 닿는다

태양은 아무것도 지배하려 하지 않고 자신의 빛을 조건 없이 발산하므로 저절로 만물을 지배한다.

밥상머리에서 들려주는 한국인의 멘토링

타인을 지배하려 들면 삶이 불행해질 공산이 크다. 오히려 타인을 높이 섬기려 할 때 자신도 모르는 사이에 높아진다.

억지로 타인을 지배하게 되면 끝에 가서는 원성을 사게 되므로 훗날 재앙이 되어 앙갚음으로 되돌아올 공산이 크다.

억지로 쏘아 올린 인공위성은 결국 추락하게 마련이다. 해와 달 구름 바람은 아무리 쓰이고 소비되어도 추락하지 않고 천만년이 지나도 그 자리에 그대로 있다.

의심과 확신

🍔 똑똑한 자가 어리석고 어리석은 자가 똑똑하다

똑똑하다고 하는 자들이 복을 멀리 쫓는 경우가 많고 어리석어 보이는 자가 복을 누리는 경우가 많다.

똑똑하고 영리하다고 믿는 것은 자기 교만이며 스스로 어리석다고 믿는 것이 겸손이다.

하늘에 아무것도 없다고 말하는 사람은 똑똑한 것 같지만 바보고, 하늘에 무엇이든 있다고 믿는 사람은 자칫 어리석어 보이지만 똑똑하고 덕을 쌓는 사람이 많다.

신념이나 확신이 서 있으면 긍정적인 세계관을 갖게 되고, 아무런 신념도 확신도 없으면 인간과 사물을 부정적으로 보는 경향이 있다.

모든 죄는 의심으로부터 촉발된다. 믿음은 사랑과 축복을 낳지만 의심은 증오와 재앙을 불러온다.

인간을 의심하면 자기 자신을 부정하는 것이 되고 인간을 믿으면 자기 자신을 긍정하는 것이 된다.

믿음과 확신이 서 있으면 양심이 시키는 대로 더럽고 추한 곳을 가려볼 줄 아는 분별력이 생기고 믿음과 확신이 없으면 육욕이 시키는 대로 기분에 따라 이중적인 행동을 하게 된다.

믿음과 확신이 없고, 지식을 많이 가질수록 육욕이 시키는 대로 약삭빠르게 움직일 공산이 크다. 그래 놓고 나중에 일이 잘못되면 후회나 반성보다 그럴듯한 변명을 기막히게 잘한다.

밥상머리에서 들려주는 한국인의 멘토링

확신과 믿음이 있는 것과 없는 것은 양심에 따라 스스로를 통제하는 힘이 있는 것과 없는 것의 차이이며 복을 부르고 내쫓는 엄청난 차이가 있다.

마음속에 든 세상

☺ 보는 각도에 따라 세상도 다른 모습이다.

마음속에 사랑이 깃들어 있으면 악마를 보고도 천사를 본 듯하며, 마음속에 악마의 마음이 깃들어 있으면 천사가 가깝게 와도 악마처럼 느껴진다.

마음속에 무엇이, 어떻게 깃들어 있는가에 따라 삶이라는 것도 천국이 되고 지옥도 되는 것이다.

천국과 지옥이 본시 내 몸 바깥에 존재하는 게 아니다. 내 몸 안에 깃든 것이다.

현재의 삶을 불평하거나 원망하지 말고 스스로의 마음속에 어떤 마음가짐을 갖고 있는가를 눈여겨볼 줄 알아야 한다.

생각하기에 따라 변하는 게 세상이고 마음먹기에 따라 삶의 모습도 달라지는 것이 인생이다.

판단

🍔 자기 잣대로 남을 판단하지 마라

인간이 인간을 판단할 능력이 본질적으로 주어져 있지 않다. 열 길 물속은 알아도 한길도 못 되는 사람의 마음속은 알 수가 없다는 한국의 속담도 있다.

그러나 우리 사회는 법원이라는 데가 있는 한 누군가 판단하는 악역을 맡아 하지 않으면 안 된다. 재판을 맡은 판사 중에는 자신의 오판으로 애먼 사람이 형장의 이슬로 사라진 것을 나중에 알고 죄책감에 법복을 벗어 던지고 전국을 떠돌다가 나중에 절간으로 들

밥상머리에서 들려주는 한국인의 멘토링

어간 중이 바로 효봉 스님이다.

그러나 대부분의 판사들은 기소한 검사를 탓하는지 할 뿐 눈도 깜짝 않고 계속 근엄한 얼굴로 재판에 임하고 있다. 우리 사회의 제도가 그러니까 판사들도 그 역할을 계속할 수밖에 없다.

그러나 정작 문제는 판결하는 판사마다 판결의 결과가 달라진다는 것이다. 엄격한 증거를 가지고 판단한다고 하지만, 증거능력의 유무와 경중을 판단하는 것은 결국 판사다.

사물을 보고 판단하는 것은 판단하는 사람의 성정이나 인품, 그리고 과거에 개인적으로 겪은 경험이나 트라우마가 전혀 작용 안 하는 경우보다 하는 경우가 더 많다.

그러한 인간의 모순점을 보완하기 위해 자유민주주의 국가에서는 3심 제도를 두고 있다. 3심 제도를 두고 있어도 무고한 사람이 형장의 이슬로 사라지는 경우가 있어서 효봉스님 같은 분이 생기는 것이다.

일상에서 남이 전하는 말을 듣고 그 말을 함부로 판단하고 또 그 말을 퍼뜨리면 무고한 이웃의 한 사람을 살인하는 행위와 같다.

"카더라 통신"은 대개 말을 전하는 사람이 불순한 경우가 많으므로 듣는 척을 할 수 있으나 그 말을 믿고 남에게 전하거나 퍼뜨려서는 절대로 안 된다.

핸들

⊜ 핸들을 꺾는 대로 자동차는 굴러간다

당신이 핸들을 그쪽으로 돌렸기 때문에 지금 당신이 그 자리에 있는 것이다.

만약 당신이 원하는 장소가 그곳이 아니면, 지체할 시간이 없으므로, 핸들을 빨리 되돌려 빠져나가라.

돌아가는 시간만큼은 억울해도 아주 늦은 것은 아니다. 게으른 사람보다는 그래도 목적지에 빨리 가닿는 것이 늦깎이다.

잘 못 꺾은 핸들을 숙명으로 받아들이지 말고, 운명으로 받아들이

라. 운명이란 당신의 의지대로 되는 것이다. 만약 잘못 꺾은 핸들이면 지체할 시간 없이 얼른 빠져나가면 된다.

수평선 너머에는 뭐가 있을까? 호기심을 갖고 거친 바다로 인생의 핸들을 꺾은 것이 콜럼버스다. 핸들의 방향이 번번이 옳거나 맞아떨어지는 것만은 아니다.

어느 때는 허방을 짚을 때도 있겠으나, 그렇다고 아주 주저앉을 필요는 없다. 무의미하다고 생각될 때는 얼른 그 환경에서 빠져나오면 된다.

학창 시절에는 공부를 열심히 해도, 안 해도 주어진 세월의 시간만큼은 매달려 있어야 한다. 그러나 학교의 문을 나설 때는 각기 제 갈 길이 다르다는 점을 주목할 필요가 있다.

초등학교에서 대학까지 16년 동안 누구나 주어진 시간을 같이 공부를 하면서도 그때 이미 인생의 핸들을 미리 꺾어 놓은 사람과 그냥 남들이 가니까 가방을 메고 막연히 학교에 왔다 갔다 한 사람의 차이는 분명히 다르다.

공부란 두려운 것이 못 된다. 처음에 무엇을 발명한 사람도 있지 않은가. 남들이 이미 발명해 놓은 것을 학교에서 그냥 배우기만 하는 것인데, 제대로 해보려 하지도 않고 어렵다고만 생각해서는 안 된다.

극복할 수 없는 공부란 없다. 이미 발명해 버린 이론을 배우는 것이라는 사실만은 분명한 것이다.

무관심

😁 미워하는 것보다 더 무섭고 싫은 것은 무관심이다

미움은 어디에서 오는 건가? 증오의 시원은 어디인가? 관심이 없는 사람에게 미움이 있을 턱이 없다. 미워한다는 것은 그만큼 미워하는 원인과 까닭이 있는 것이다.

죽이고 싶도록 증오하는 것은 죽도록 사랑하기 때문이다. 관심도 없는 사람을 미워할 까닭이 없다. 누군가가 당신을 미워한다면 그 사람은 당신에게 유독 관심이 많은 사람이다.

밥상머리에서 들려주는 한국인의 멘토링

미워하는 것만큼 에너지가 소비되는 것은 없다. 무시해도 좋을 만한 사람에게 소중한 에너지를 소비해야 할 까닭은 없다.

정말로 무서운 것은 나를 증오하는 것이 아니고 무관심한 것이다.

지혜와 지식

🍔 1톤의 지식이 1킬로그램의 지혜를 못 당한다

여러 가지 설이 있을 수 있겠지만, 인격의 완성은 대략 유소년기까지로 보면 크게 틀리지 않는다.

아기가 태어나면 제일 먼저 만나는 사람이 엄마고, 그다음이 아버지이며, 그리고 다음이 가족이다.

핏덩이에 불과한 아기가 자라면서 어머니의 스킨십을 느끼며 동질감을 느낀다. 그리고 무엇이든지, 척척 해내는 우람한 근육을 가진 아버지를 바라보면서, 마음속으로 동경하고, 닮고 싶어진다.

세상이 옳고 어머니와 아버지가 틀려도 아기에게는 어머니, 아버지가 옳다. 그것이 아기의 인격 기준이다.

DNA가 완전히 다르고 피 한 방울 섞이지 않아도 아이는 양육자인 새 부모를 친부모로 닮는 것이다.

지식은 학교에서 얼마든지 얻을 수 있으나 성격이나 품성은 가정에서 양육을 전담하는 가족을 통해서 완성된다는 점이다.

그러므로 유소년 시절에 밥상머리에서 들려주는 말 한마디의 교훈이 나중에 한 분야의 박사가 되어도 정서의 뿌리로 살아남아 사사건건 개입하는 것이다.

꽃밭에서

🍚 지나고 보면 과거의 불행도 행복이다

단칸방에서 입김을 불며, 라면에 김치 하나만 놓고 먹던 추운 겨울

밤도 지나놓고 보면 다 아름다운 추억일 수 있다.

나이 들어, 경제적으로 형편이 좀 나아져, 입맛대로 먹어도 젊은 시절 먹던 라면 맛만 못한 경우가 많다.

꽃 안에 들어가서 보면 꽃의 아름다움을 불 수 없는 것처럼, 행복이란 것도 적당한 거리를 두고 바라볼 때 가능하다.

지금 불행에 처했다고 생각하는 사람들도, 불행 밖에서 불행을 바라보면, 불행도 아름다운 하나의 행복일 수 있다. 비행기 안에서 창밖으로 바라보는 대지의 모습은 얼마나 평온하고 아름다운가.

적당한 거리 두기를 하고 나를 바라보면, 보이는 자신도 얼마든지 아름다울 수 있다. 삶의 노예가 될 필요는 없다. 진지하게 바라보면 걸친 옷 한 벌만으로도 인생은 행복한 것이 될 수 있다.

제아무리 못 가진들 어디 옷 한 벌 뿐인가? 아내나 남편이 있고, 자식들이 있으며, 가족들이 있지 아니한가?

우리는 모두 꽃이다. 시간이 지나면 가족들도 꽃처럼 시들기도 하고, 씨앗으로 다른 곳에서 아름답게 다시 피기도 한다.

순간순간을 정성을 다하고 섬기며 마음껏 사랑하자.

성선설, 성악설

😄 인간은 선의 존재인가, 악의 존재인가?

인간이 태어날 때 선하게 태어나는 것인가, 악하게 태어나는 것인가?

이렇게 질문하면 사람들은 모두 성선설이라고 주장한다. 그러나 그것은 순전히 인간의 자기중심적 사고방식이다.

만약 인간보다 더욱 분별력을 가진 동물이 있다면 그들은 분명 인간만큼 지독한 존재가 없다고 평가할 것이 틀림없다. "지독"이란 '악함'을 뜻하는 것이다.

그러나 절망할 필요는 없다. 선한 교육과 진지한 사색을 통해 얼마든지 인간은 선해질 수 있다.

그러나 인간이 제아무리 교육을 통해 선해질 수 있다고는 하지만, 그것은 한계가 있고, 또 아주 소수에 선각자가 있을 뿐이다.

그렇기 때문에 삼권 분립이라는 제도가 있어서 서로를 견제하고 감시하며, 종교라는 게 필요하다.

공산주의 국가의 모순은 1인과 1당을 믿고 절대적 가치인 종교를 부정한다는 데 있다.

공산주의는 성선설을 기초로 하고 민주주의는 성악설을 기초로 하는 것이 본질이다.

윤리 방정식

😊 인간을 행복하게 하는 건 경제보다 윤리가 앞선다

멀리 떨어져 살던 어머니가 아들이 보고 싶어 상경했다. 모자는 밤 새 잠을 설치며 이야기꽃을 피운다.

바쁜 일상을 사는 아들은 다음날 눈을 비비며 출근해야 하므로 어머니와 이별이 너무나 아쉬웠다.

아들은 집세를 내려고 마련해 둔 돈을 어머니 지갑 속에 20만 원을 몰래 넣어 두고 출근했다.

일과를 마치고 퇴근한 아들은 책상 위에 놓인 어머니의 편지와 돈 20만 원을 발견하고 충격을 받았다.

편지에 이렇게 적혀 있었다. "아들아, 집세 내고 사느라 얼마나 힘드냐? 이 돈을 집세에 보태 쓰거라."

아들과 어머니는 경제적으로 보면 이득도 손해도 본 것 없이 괜히 신경만 쓴 꼴이다.

그러나 윤리 측면에서 보면, 아들과 어머니는 각각 40만 원씩의 이득을 본 셈이다.

인간을 행복하게 하는 것은 결코 경제가 아니고 윤리 방정식이라는 것을 잘 설명해 주고 있다.

밥상머리에서 들려주는 한국인의 멘토링

비난

🍔 남을 비난하는 것만큼 쉬운 건 없다

사원은 웬만한 사람이면, 다 될망정 사장은 아무나 안 된다. 사장을 비난하는 것은 미화원도 쉽게 할 수 있지만, 미화원이 사장 자리에는 죽어도 못 오른다.

길거리의 광인도 대통령을 얼마든지 비난하고 욕할 수 있지만, 대통령은 묵묵히 듣고만 있을 뿐 광인을 절대로 욕하거나 비난하지 않는다.

책임 있는 사람이 되고 싶으면, 길거리의 광인이나 미화원처럼 함부로 비난의 말을 떠벌이지 말고 사장처럼 대통령처럼 입은 밥 먹고 키스할 때만 써라.

대통령도 남 안 볼 때는 키스도 한다. 대통령이라고 해서 특별할 것도 없이 급하면 화장실도 가야 하는 것이다.

바다

○ 저항하지 말고 순응하는 게 능사다

저항하는 일은 누구나 할 수 있는 일이다. 바보일수록 어느 면전에
서든 싫어하는 기색을 나타낼 수 있다.

그런 경우, '그래, 내 잘못이오' 하고 나올 사람은, 단연코 말해서,
이 세상에는 아무도 없다.

그러므로 싫을 때 싫은 내색보다 그 자리를 피하는 방법밖에 달리
길은 없다.

소나기가 퍼부어도 바다는 절대로 비에 젖지 않는다.

고민

🍔 사라진 고민의 기억 때문에 고민을 하는 사람

고민이 수없이 많은 사람들을 불러 모아 놓고 1년 전에 어떤 고민을 하였는지 적어보라고 하면, 단 한 사람도 종이에 무엇을 적어내지 못 한다고 한다.

고민이란 자기 자신이 팔을 걷어붙이고 무엇을 해결한 것이 아니라 시간이 자연스럽게 해결해 준 것이며, 정작 자신은 과거에 무엇을 고민했는지 기억조차 못 하는 것이다.

이 말은 1년 후에 지금 그렇게도 고민을 하고 있는 것도 언제 그랬냐는 듯이 거짓말처럼 잊어버릴 것이란 확증이다.

1년 후에 가서, 1년 전에 무슨 심각한 고민을 했었는지 몰라서 또 고민할 바엔 차라리 처음부터 고민을 안 하는 편이 훨씬 낫다.

소금

😋 소금 없이는 고기도 못 먹는다

바다 동물 중 500년을 사는 것은 거북이다. 하지만 육지 동물을 끽해야 코끼리가 130년 정도다. 인간도 제 수명을 다한다면 코끼리만큼 수명을 늘릴 수 있지만, 그렇게 되기는 글러 먹었다. 이유는 단 것을 너무 많이 먹기 때문이다.

단 것은 어디다 두어도 삭거나 변하게 마련이다. 혈관 속이라고 해도 설탕은 마찬가지다. 설탕과 소금은 대소변으로 빠져나가는 것을 좋아하지 않고 혈관에 얼른 올라타는 것을 좋아한다는 게 문제다.

바다는 소금 덩어리다. 소금 덩어리에서 살면 원칙적으로 염증이란 게 안 생긴다. 암이라는 것도 결국 부종 덩어리이다. 소금은 불로초가 아닌 불로 물질인 것이다.

맛있는 소고기나 돼지고기를 소금 없이 그냥 입속에 가져가 보라 그걸 어떻게 삼킬 수가 있다는 말인가? 소금을 지나치게 많이 먹을까 걱정하는 사람들이 있다. 그러나 그런 걱정은 할 필요가 없다. 소금이 적게 들어가면 싱거워서 못 먹고 많이 들어가면 써서

밥상머리에서 들려주는 한국인의 멘토링

못 먹게 되므로 어차피 알맞게 먹게 생겨 있다. 그리고 소금은 소금 홀로 먹지 못하게 생겨 있어서 더 먹게 될까 걱정하는 것은 기우일 뿐이다.

입에 달달하고 고소한 음식은 대부분 좋지 않은 음식이다. 밥맛이 왜 밥맛이겠는가? 그리고 물맛은 또 어떤가? 음료수는 전부 건강에 좋을 리가 없다. 인삼이 좋다고는 하지만, 인삼을 원료로 하는 음료수는 좋지 않다. 좋은 인삼에는 안 좋은 설탕이 더 많이 들어가기 때문이다. 음료수의 특징은 모조리 다 달다는 것이다. 그러므로 모조리 다 나쁜 것이다. 몸에 좋은 맹물은 많이 마실수록 건강에 좋다. 많이 마셔서 좋은 게 물이고, 많이 마실수록 해로운 게 음료수다.

성인병이라는 것도 다 몸에 들어간 당 성분 때문에 생겨난다. 본래 약은 입에 쓴 법인데, 먹기 좋게 당을 듬뿍 발라놓았기 때문에 좋은 약은 입에 쓰다는 말도 옛말이다. 요즘의 좋은 약은 무조건 입에 달다. 달아서 인간은 코끼리처럼 130년을 살기는 아주 글렀다는 것이다.

우리가 하루 일용하는 음식 가운데 단 것이 안 들어가는 음식이 있으면 손꼽아 보라. 없지 않은가? 인스턴트식품은 완전 100%가 설탕이 주다. 인삼 음료수도 실은 설탕 음료수라고 해야 정확하다.

설탕이 주가 되기 때문이고. 인삼이 부가 되기 때문이다.

요즘은 건강에 좋다는 야채 비빔밥에도 설탕이 듬뿍 들어간 고추장을 넣어 비벼 먹는 것을 본다. 건강에 좋은 비빔밥을 건강에 안좋은 비빔밥으로 일부러 만들어 먹는 셈이다. 김치나 김장도 마찬가지다.

우리가 무심코 맛있다고 먹는 일상 음식 중에 설탕이 안 들어가는 음식이 있는지 한 번 눈여겨보라.

밥상머리에서 들려주는 한국인의 멘토링